아이가
학교에
안 가려고 해요

KB193233

설마 우리 아이가
등교를 거부할 줄은 몰랐다

자녀의 등교 거부,
남의 일이 아니다

안녕하세요, 란입니다.

아이가 학교에 가지 않으려 할 때, 하루하루가 구역질이 날 정도로 고통스러웠습니다. 그래서 이 생활에서 벗어날 수 있다면 무슨 일이든 하겠다고, 같은 문제로 괴로워하고 있는 사람들에게 꼭 도움이 되겠다고 하늘에 맹세했지요. 그리고 겨우 등교 거부 생활을 극복할 수 있었습니다.

저는 딸과 둘이서 살고 있습니다. 남편과는 딸아이가 스무 살이 되던 해에 이혼했지만, 사실 아이가 태어났을 때부터 제가 가장으로서 생계를 책임져 왔습니다. 아이가 학교 가기를 거부하던 어느 날, '일은 언제든지 다시 할 수 있지만, 육아는 단 한 번뿐'이라는 생각이 들어 회사에 사직서를 냈습니다. 감사하게도 회사에서는 제 사정을 배려해 휴직으로 처리해 주셨고 그렇게 저는 아이와 마주할 수 있었습니다.

아이는 중학교 2학년 새 학기를 앞둔 무렵부터 졸업할 때까지 학교에 가지 않았습니다. 고등학생 때는 힘을 내서 학교에 갔지만, 그마저도 불안정했습니다. 하지만 지금은 깜짝 놀랄 정도로 밝은 성격의 대학생이 되었습니다. 공부도 노는 것도 실컷 하겠다며 즐거워합니다.

처음에는 아이가 등교를 거부한다는 현실을 받아들이지 못했습니다. 앞날이 깜깜하게만 느껴졌고 이 상태가 하염없이 이어질 것 같아 매일같이 눈물을 흘리곤 했지요. 그때 제 곁에 있어 준 많은 분들 덕분에 저와 아이가 여기까지 올 수 있었습니다. 친구를 비롯해 직장 사람들, 아이 친구들의 엄마, 학교 선생님, 학원 선생님, 이전 직장의 선배, 작은 인연으로 알게 된 사람, 지금은 연락이 닿지 않는 사람 등으로부터 큰 도움과 지지를 받았습니다.

자녀의 등교 거부 문제로 힘들어하는
부모님들에게 힘이 되고 싶다

저는 아이의 등교 거부로 힘겨워하는 부모님들에게 도움을 드리고자 2019년 9월 '란의 블로그'를 열었고, 이듬해 4월에는 '부모를 위한 우리 아이 등교 거부 극복 강좌'를 시작했습니다. 그렇게 아이의 등교 거부로 고민하는 전국의 부모님들을 도울 수 있는 길이 열렸습니다.

문부과학성의 2020년도 조사 결과에 따르면 일본 전국의 초·중·고등학교 학생 중 약 24만 명이 등교를 거부하고 있습니다. 그 수는 해마다 늘고 있으며 코로나의 영향으로 더욱 증가하는 실정이라고 합니다.

등교 거부 문제로 고통받는 여러분, 혹시 이런 생각을 하고 있지는 않으신가요? '아이가 무슨 생각을 하는지 전혀 모르겠다.', '어떻게 말해야 아이가 기운이 날까?' 부모-자녀 사이의 골이 깊어지며 '어쩌다 이렇게 되어 버렸을까?', '내가 어디서부터 아이를 잘못 키운 걸까?' 하고 자책하고, 아이의 심기를 건드릴까 늘 조심스럽게 대하고 있을지도 모릅니다.

아이가 등교를 거부하던 시기, 저는 아이의 행동 하나하나에 감정이 심하게 요동치는 지옥과 같은 날들을 보냈습니다. 불안과 초조함에 휩싸여 어찌할 바를 모른 채, 아이에게 해서는 안 되는 말과 행동을 숱하게 거듭하며 실패의 구렁텅이에 빠졌지요. '육아를 포기하고 싶다.'라는 생각에 모든 것을 던져 버리고 싶기도 했습니다. 그래서 이 책을 통해 과거의 저와 같은 고민으로 힘겨워하고 있을 부모님들에게 '자녀의 등교 거부 문제를 해결하는 구체적인 방법'을 전하고 싶었습니다.

─────────

● 우리나라의 교육부, 과학기술정보통신부, 문화체육관광부에 해당하는 일본의 행정 조직 — 옮긴이 주

저는 카운슬러도 임상심리사도 아닙니다. 그저 등교 거부 생활에서 벗어나기 위해 닥치는 대로 심리학 책을 읽고, 학교 가기를 거부하는 아이를 둔 엄마들의 이야기를 들으러 다니고, 숱한 실패에서 배운 경험이 있는, 등교를 거부했던 아이의 엄마입니다. 제가 얻은 지식과 경험이 여러분에게 도움이 되어 하루라도 빨리 고통스러운 날들에서 벗어나시기를 진심으로 바랍니다.

란 올림

3장 등교 거부 극복을 위한 7단계

일러두기

– 각주 중 옮긴이 주는 '–옮긴이 주'로 표시했습니다.

– 원서의 학기를 나타내는 표현은 우리나라의 실정에 맞게 옮겼습니다.

  1학기: 4월부터 7월(또는 8월), 2학기: 8월(또는 9월)부터 12월, 3학기: 1월부터 3월

1장

학교
안 갈 거야

아이가 등교를 거부했다

등교 거부는 예고 없이 찾아온다

어느 날 아침, 아이가 바닥에 앉아 울고 있었다.

"엄마라면 내 맘 알아줄 줄 알았는데……."

이튿날 아침에도, 그다음 날 아침에도 아이를 깨웠지만 아이는 이불에서 나오지 않았다. 처음에는 이삼 일 정도 쉬고 나면 다시 학교에 가겠지 하고 생각했다.

하지만 아이는 중학교 1학년 겨울방학이 시작된 무렵부터 학교에 가지 않았고 중학교를 졸업할 때까지 약 2년 동안 거의 학교에 가지 않았다. 고등학교에 올라간 후로는 매일 학교에 갈 수 있게 되었지만, 어쩐지 버겁다며 학교를 자주 쉬었다. 이제는 아이의 상태가 괜찮다고 느끼기까지 약 5년이 걸렸다.

아이가 태어났을 때부터 집안의 생계를 책임져야 했던 나는 누구에게 서도 '엄마가 일하니까 아이가 애정결핍이다.'라는 말을 절대 듣고 싶지 않았다. 그래서 휴일에는 아이와 함께 공원에 가거나, 가끔 도시락을 싸서 강으로 놀러 가는 등 아이와 보낼 수 있는 한정적인 시간을 소중히 여겼다. 그리고 아이가 자신을 향한 엄마의 애정을 느끼고 있을 테니 괜찮으리라 생각했다. 그러나 현실은 그렇지 않았다. 처음에는 아침마다 아이를 아무리 흔들어 깨워도 일어나지 않는 날이 이어졌다. 그러던 어느 날, 문득 아이가 초등학교 수학여행을 갔다 돌아왔을 때 "엄마한테 교토를 안내해 주고 싶어!"라고 했던 말이 떠올랐다. 그래서 그날도 여전히 이불에서 나오지 않는 아이에게 이렇게 말했다.

"엄마랑 교토에 놀러 갈까?"

그러자 이불 속에서 자는 듯 웅크리고 있던 아이가 눈을 번쩍 뜨더니 기쁜 듯이 대답했다.

"갈래! 엄마한테 기요미즈데라*를 보여 주고 싶어. 기념품점이 늘어선 거리에도 같이 가고 싶어."

쇠뿔도 단김에 빼랬다고 그렇게 엄마와 딸 둘만의 여행이 시작되었다.

─────────
● 교토시에 있는 사원으로, 유네스코 세계유산으로 지정된 문화재 ─ 옮긴이 주

기요미즈데라 근처에 있는 기념품점을 어슬렁거리고 있자, 아이는 이런저런 말을 하며 다양한 곳을 안내해 주었다.

"엄마! 여기 야츠하시[●]가 제일 맛있어!"
"엄마! 수학여행 때 이것저것 먹어 봤는데 이 절임이 가장 맛있었어!"
"엄마! 우리 팀이 짠 관광 코스가 가장 효율적이었다? 사실은 그 코스대로 엄마를 안내해 주고 싶었는데."

신이 난 듯한 아이의 모습을 보고 있자 가슴에서 뜨거운 무언가가 끓어올랐다. 이렇게나 외로웠었나. 그걸 지금까지 참아 온 건가. 아이는 나와 함께 더 많은 시간을 보내길 원했고, 교토에도 같이 가고 싶다고 했다. 하지만 나는 아이보다 일과 바쁜 일상생활을 우선시했다.
어쩌면 돌이킬 수 없는 일을 저지른 걸지도 모른다……. 내 마음은 죄책감으로 가득 찼다.

초조한 마음에 등교를 강요하다

아이가 학교에 가지 않는 날이 이어지던 어느 날, 중학교 담임선생님으로부터 학교에 오지 않으면 수업을 따라가지 못하게 되므로 학교에 오기가 더 힘들어진다는 말을 들었다. 마음이 두렵고 초조해진 나는 다음 날

● 센베이의 일종으로 교토를 대표하는 과자 중 하나 – 옮긴이 주

아침부터 아이를 흔들어 깨웠다. 억지로라도 학교에 보내려고 애를 썼다. 하지만 아이는 방에 더 틀어박혔고, 상황은 더욱 나빠졌다. 학교며 학원, 지역의 상담창구, 병원, 책, 인터넷 검색까지, 아이의 등교 거부 문제를 해결할 답을 찾아 이리저리 뛰어다녔다. 그러나 문제를 해결할 뾰족한 답은 어디에도 없었다. 전문가가 쓴 책에 적힌 대로 아이를 대하며 대화를 시도했지만 아이는 변하지 않았다.

고독과 절망을 느꼈다. 등교 거부로 인한 고통은 마치 출구 없는 터널 속에 있는 느낌이었다. 겪어 보지 않은 사람은 이 고통을 이해할 수 없다. '우리 아이의 미래는 도대체 어떻게 되는 걸까?', '아이가 학교에 가는 날이 과연 오기는 할까?' 공부는 거들떠보지도 않고, 스마트폰과 게임 삼매경에, 무슨 질문을 해도 시원한 대답이 돌아오지 않았다. 무슨 생각을 하고 있는지도 모르겠고, 변할 기미가 전혀 보이지 않았다. 그런 아이의 모습을 보고 있자니 미쳐 버릴 것만 같았다.

그러던 어느 날, 장을 보고 집으로 돌아가는 차 안에서 갑자기 눈물이 주르륵 흘러내렸다. 교차로에서 신호를 기다리며 나는 하늘을 올려다보고 맹세했다. 이 생활에서 탈출할 수만 있다면 뭐든지 하겠다고. 나중에 나와 같은 일을 겪는 사람들에게 도움이 되는 일을 꼭 하겠다고. 그렇게 맹세한 지 약 3년 후, 아이는 학교로 돌아갔다. 지금은 대학생이 되어 캠퍼스 생활을 만끽하고 있다.

누구나 처음에는 감정에 휩쓸린다

학교에 안 간다는 게 무슨 말이야?

아이가 등교를 거부하면 대개 부모는 초조하고 당혹스러워하며, 어찌할 바를 모른 채 아이를 학교에 가게 하는 방법을 찾아다닐 것이다. 지금부터 등교 거부 생활을 극복한 경험을 통해 느낀 '등교 거부 자녀를 둔 부모가 직면하는 현실'을 이야기하고자 한다. 각자의 경험과 비교하며 읽어 보길 바란다.

설마 우리 아이가 학교 가기를 거부할 것이라고는 한 번도 생각해 보지 않았던 나는 어느 날 갑자기 미지의 세계로 내던져진 느낌이었다. 나는 아이가 '학교에 가지 않는' 것이 무슨 일인지 이해하지 못했다. '학교는 가기 싫어도 가는 곳'이라 여겼던 나에게 아이의 모습은 싫어하는 일에서 도망치는 것으로밖에 보이지 않았다. 아이가 여기서 편한 선택을 하면 앞으로도 쭉 이런 방식으로 살아갈 것이라는 생각이 들었다. 그래서 매일 아침 아이를 흔들어 깨웠고 아이가 학교에 가지 않으면 왜 학교에 안 가느냐고 다그쳤다. 아이를 질질 끌고서라도 학교에 보내기 위해 실랑이를 벌이는 날이 이어졌다. 하지만 아이는 꼼짝도 하지 않았다.

그 무렵 아이는 점심 때까지 자는 일이 다반사였다. 이런 식의 생활이 이어지면 아이의 인생이 추락할 것 같았다. 그래서 나는 학교에 가지 않을 거라면 학교 시간표대로 집에서 공부하면 어떻겠냐고 말했다. 아이는 알겠다고 대답은 했지만, 공부하는 일은 없었다. 아이는 마음의 문을 걸어 잠근 지 오래였다.

등교 거부 초기에는 이삼 일 정도 쉬면 다시 학교에 가겠거니 생각했다. 하지만 일주일이 지나도 아이가 학교에 가려는 기미를 전혀 보이지 않자 마음이 초조해졌다. 그러다 아이를 데리고 심료내과●를 방문했다. 병원에서 아침에 일어날 수 있게 돕는 약과 마음을 안정시키는 약을 처방받았지만, 아이에게 맞지 않았고 오히려 힘들게 만드는 결과를 낳았다.

내가 아이를 잘못 키운 걸까?

학교에 가지 않는 날이 계속되자 아이가 망가져 버릴 것 같아 마음이 초조해졌다. 아이에게 '학교에 가야 하는 이유'를 이해시키려고 애썼지만, 아이를 정신적으로 압박한 꼴이 되었다. 결과적으로 아이는 의욕을 더 잃어버리고 방에 틀어박히게 되었다.

아이가 학교 가기를 거부한 후부터 나는 지푸라기라도 잡는 심정으로

● 心療内科 가벼운 우울장애 등을 치료하는 과 – 옮긴이 주

인터넷 사이트에서 등교 거부 문제의 해결 방법을 검색했다. 그러던 어느 날, '부모가 바뀌면 아이가 바뀐다.'라는 말이 화살처럼 내 가슴에 박혔다. '부모가 아이를 독립적으로 키우지 않으면 아이가 등교를 거부하게 된다.'는 전문가의 의견이 실린 기사였다. 지금까지의 내가 모조리 부정당한 순간이었다. '등교 거부 아이를 두지 않은 당신이 뭘 안다고 그래!' 마음속에서 분노와 슬픔이 끓어올랐다. 흔히 말하는 육아법으로는 아이를 바꿀 수 없다. 나는, 그 어디에도 기댈 곳이 없었다.

"이제 어떻게 해야 할지 모르겠어. 내 양육 방식이 잘못된 거야? 내가 엄마가 아니었다면 우리 딸이 이렇게 되지 않았을 텐데……."

그대로 주저앉아 흐느끼는 내게 아이는 결정타를 날렸다.

"엄마도 완벽하지 않았구나. 육아 실패했네."

실로 엄청난 충격이었다. 그 무렵 나는 밤에 쉽게 잠들지 못했다. 자신감을 상실한 채 매일매일 나 자신을 부정했다. 아예 사라져 버리고 싶었다.

등교 거부 학생을 위한 지원은 없다

담임선생님의 형식적인 말에 실망하다

아이가 학교에 가지 않는 현실에 충격을 받았지만, 그 상태로 머물러 있을 수는 없었다. 어떻게 하면 아이를 학교에 가게 할 수 있을지 그 답을 찾기 위해 먼저 학교 담임선생님과 면담했다. 선생님은 등교를 거부하는 학생들을 많이 봐 왔으니 분명 답을 제시해 줄 거라는 생각에 일이 있을 때마다 아이를 어떻게 대하면 좋을지 담임선생님에게 조언을 구했다.

하지만 선생님한테서는 이렇다 할 답을 듣지 못했다. 과거의 사례도 개인정보라 말해 줄 수 없다고 했다. 개인적인 생각이라도 좋으니 대처법을 알려 달라고 간절히 부탁했지만, 난처한 얼굴로 "일단 상황을 지켜보시죠."라는 표면적인 말을 건넬 뿐이었다. 결과적으로 난 섣불리 개입하고 싶지 않다는 선생님의 방어적인 자세만 느끼고 말았다. 분명 선생님도 일이니까 당연히 위험을 피하고 싶었겠지만, 그러한 반응에 낙담했고 서운했다.

지원시설을 찾아 헤매는 날들

다음으로, 아이가 다니고 있던 학원 선생님에게 상담하러 갔다. 거기서 나는 아이가 학교에 가지 않게 된 후 처음으로 다른 사람 앞에서 눈물을 흘렸다. 드디어 등교 거부에 대한 이야기를 제대로 나눌 수 있었기 때문이다. 그리고 등교 거부 학생들의 고등학교 진학 실태와 등교 거부에서 벗어나 고등학교에 간 아이들의 이야기를 들을 수 있었다. 그러나 학원 선생님도 과거에 그 아이들의 부모님이 어떤 노력을 했는지까지는 알지 못했다. 나는 학교상담시설,● 등교 거부 관련 강연회, 적응지도교실,●● 자유 학교,●●● 아동 전문 심료내과 등에 아이를 데리고 다니며 다시 학교에 가게 할 방법을 찾았다. 하지만 이거다 싶은 지원시설은 없었다.

학교상담시설은 애초에 운영 횟수가 적은 데다 등교 거부 아동이 많은 탓에 한두 달에 한 번밖에 예약할 수 없었다. 결국, 아이는 상담시설에 가고 싶지 않다고 했다. 등교 거부 자녀를 둔 부모 대상 강연회는 인터넷 검색으로도 알 수 있을 법한 내용을 이야기할 뿐이었고 분위기도 어두워 두 번 정도 가고 말았다. 등교 거부 학생을 받아 주는 공공 적응지도교실에도 몇 번 가는 데 그쳤다. 아이에게 그 이유를 물어보니, '선생님이 지나치게 착하고 거기에 오는 아이들도 공부는 안 하고 놀기만 한다. 그런데도 선생님은 혼내지 않아서 여기 있으면 자기가 망가질 것 같다.'고 했다. 추측하건대 적응지도교실은 자신이 등교를 거부한다는 사실을 느끼

● 우리나라의 경우 학교 단위의 학생위기상담 종합지원서비스인 '위클래스(Wee클래스)'가 있음-옮긴이 주
●● 일본 지자체가 운영하는 공립 프리스쿨. '교육지원센터'라고도 함-옮긴이 주
●●● 등교 거부 학생을 대상으로 학습 · 교육 상담 · 체험 활동 등의 활동을 실시하는 민간시설-옮긴이 주

게 되는 장소이기 때문에 아이가 친구와 함께 있다는 안심감보다 괴로움을 느끼지 않았을까 싶다. 또한 민간에서 운영하는 등교 거부 학생 전문 자유 학교는 활동 내용은 좋아 보였지만, 비용이 비싸 내가 감당할 수 있는 금액은 아니었다. 아동 전문 심료내과의 경우 예약이 꽉 차 있어서 생각한 대로 다닐 수 없을 것 같아 진료를 받지 않기로 했다. 공공기관과 민간기업 모두 등교 거부 학생을 위한 지원시설을 운영했지만, 우리 가족과 잘 맞는 곳은 거의 없었다.

이처럼 각각의 지원시설에는 장단점이 있었다. 실제로 부모가 만족할 만한 지원을 받으려면 이용 금액이 비싼 민간기관에 의존해야 하므로 대개는 부모가 도맡아야 하는 것이 현실이다. 그럼 부모는 구체적으로 어떤 방법을 취해야 할까? 그 방법은 3장 이후에 구체적으로 소개하겠다.

상담으로는 답이 없다

등교 거부의 이유를 물어보았지만 알 수 없었다

등교 거부를 해결할 답을 찾아 동분서주한 결과 **이렇게 하면** 아이가 **학교로 돌아간다는 식의 명확한 답은 없다는 사실을** 깨달았다. 잘 생각해 보면 당연한 걸지도 모른다. 마음에 난 상처는 몸의 상처를 치료할 때처럼 한 달만 지나면 회복한다고 그 누구도 단언할 수 없다. 나는 당시 대답을 구하기 위해 헤매던 중, 등교 거부의 이유를 알고 싶어 한 심료내과 의사를 찾아갔다. 의사에게 아이가 등교를 거부하는 이유를 물어보기는 했지만, 그런 막연하고도 아무 대답이나 할 수 있을 것 같은 질문에 의사가 대답할 수 있을 리가 만무했다.

등교를 거부하는 이유에 대한 의사의 견해를 꼭 듣고 싶었던 나는 이렇게 말했다.

"선생님이 어떤 말씀을 하셔도 토를 달거나 불만을 갖지 않을게요. 그러니까 선생님의 견해를 조금이라도 알려 주세요. 그리고 저한테 문제가 있다면 개선하고 싶어요."

그러자 의사는 이렇게 이야기했다.

"흔히 육아에서 '애정은 양보다 질이 중요하다'고 말하지만, 저는 '양이 중요하다'고 봅니다. 집집마다 사정이 다를 테니 쉽지는 않겠지만, 아이가 어느 정도 자랄 때까지는 엄마가 먼저 퇴근해 하교한 아이를 맞아 주는 편이 좋다고 생각합니다."

아이에게 준 사랑이 부족했던 걸까?

이날의 일은 내가 지금도 선명하게 기억할 정도로 충격적이었다. 심료내과 의사로부터 '애정은 질보다 양'이라는 말을 들었으니 말이다. 그때 의사는 그 이유를 내가 이해할 수 있도록 자세히 가르쳐 주었다. 기억나는 내용을 정리하면 다음과 같다.

밖에서 안 좋은 일을 겪은 아이가 불편한 감정 상태로 집에 돌아오면 먼저 엄마에게 이야기한다. 그러면서 불편한 감정을 해소한다. 혹은 엄마에게서 괜찮다는 말을 들으면 앞으로 나아갈 힘을 얻는다.

하지만 집에 엄마가 없어서 아이의 이야기 자체를 들을 수 없거나, 엄하거나 간섭이 지나친 엄마라서 아이의 이야기에 귀를 기울이지 않는다면 아이 내면에는 불편한 감정이 쌓인다.

어른이라면 '어제 언짢은 일이 있었다. 그래서 오늘 내 감정은 불편하다.'와 같이 '자신의 감정이 불편한 이유'를 인지한다. 즉, 어른은 자기감정을 정리해서 내일로 넘길 수 있다. 하지만 아이는 '지금'이라는 세계에

살기 때문에 어른처럼 자기감정을 정리해서 내일로 넘길 수 없다. 결국, 불편한 감정만 내일로 넘어가고 그것이 점점 축적된다. 따라서 아이는 '자기감정이 불편한 이유'를 알지 못하는 경우가 대부분이다. 등교를 거부하는 아이의 상당수가 학교에 가고 싶지 않은 이유를 모르겠다고 말하는 이유이다.

의사는 나에게 "아이는 결코 거짓말을 하는 게 아닙니다."라고 말했다. 나는 '그런 중요한 사실을 여태 몰랐어. 누가 알려 줬으면 좋았을 텐데.' 하고 생각했다.

시간은 돌이킬 수 없다

아이의 등교 거부를 계기로 다양한 심리학 책을 읽게 되었다. 그리고 그 안에는 알았다면 하지 않았을 행동이 많았다. 아이가 실패를 경험하지 않도록 내가 먼저 나서서 해 준 것, 훈육이라는 이유로 잔소리를 해 댄 것, 어리광을 받아 주면 안 된다고 생각해 엄하게 대한 것, 바쁘다는 핑계로 아이의 이야기를 제대로 들어 주지 않은 것. 그 밖에도 예를 들자면 끝이 없을 정도로 후회되는 일들만 떠올랐다. '시간은 돌이킬 수 없다.' 그런 생각이 들자 가슴이 아파 몇 번이나 눈물을 흘렸다.

대부분은 아이 키우는 일을 당연하게 여기지만, 실은 정말 대단한 일이다. 오늘날 사회는 핵가족화가 진행되고 일하는 여성도 늘었다. 이제는 옛날처럼 아이가 집에 돌아오면 누군가가 집에 있는 시대가 아니다. 현재 아이들이 자신이 놓인 환경에 얼마나 심리적 부담을 느끼고 있을지를 이 책을 통해 조금이나마 많은 부모님이 알게 되어 빠르게 증가하는 등교 거부 아이들의 수가 줄어들길 바란다.

아이가 무슨 생각을 하는지 전혀 모르겠다

말과 행동이 다르다

아이가 등교를 거부하는 내내 **아이가 무슨 생각을 하고 있는지 전혀 알 수 없어** 고민스러웠다. "나는 이제 틀렸어."라고 말하는 아이를 어떻게든 위로하고 용기를 불어넣어 주고 싶었지만 아이는 온종일 뭐가 그리 즐거운지 게임 삼매경에 빠져 있었다. 그 모습을 보고 있으면 **역시 자기 편한 대로만 살려고 한다**는 생각이 들곤 했다.

결국 "게임만 하면 안 좋아.", "조금은 공부를 해야지.", "학교에 안 가니까 학원에 가자." 등의 말을 하고 말았다. 그러면 아이는 "알았어. 게임 시간 줄일게.", "공부는 할 거야.", "내일은 학원 갈게."라고 답했다. 하지만 게임 시간은 전혀 줄지 않았고 공부하려는 기미도 보이지 않았다. 학원은 가기 직전에 취소하는 일이 다반사였다. 아이의 말과 행동이 너무나 달라 도대체 아이가 무슨 생각을 하고 있는지 알 수 없었다.

그러다 내 인내심이 한계에 달하면 아이와 다퉜고, 아이는 울면서 "학

교에 가려고 해도 갈 수가 없다고!", "엄마가 내 마음을 알기나 해?"라고
말하는 상황이 벌어지곤 했다.

도대체 어떻게 해야 할까?

아마 이 책을 읽고 있는 부모님들도 비슷한 경험을 했을 것이다. 그리
고 이런 고민을 안고 있으리라 생각한다.

- 아이를 대하는 방법을 알고 싶다.
- 아이에게 뭐라고 말을 걸면 좋을지 알고 싶다.
- 아이를 학교에 가게 할 방법을 알고 싶다.
- 감정에 휘둘리지 않고 싶다.

어떻게 하면 등교 거부 생활에서 탈출할 수 있을까? 등교 거부를 이해
하기 위한 조각들부터 모아 살펴보자.

우리가 놓친 신호들

'성실하고 착한 아이'의 등교 거부

아이가 등교를 거부하던 시기에 나는 그 원인을 해결하기 위해 필사적이었다. 등교를 거부하게 된 원인을 파악해 해결하면 아이가 다시 학교에 가리라 생각했기 때문이다.

'왜 학교에 갈 수 없는 걸까?'
'학교에서 무슨 일이 있었나?'
'누군가가 괴롭히는 건 아닐까?'

담임선생님은 학교생활에 특별히 문제는 없으며 교우 관계도 원만해 보인다고 했다. 선생님의 눈에 비친 우리 아이는 '성실하고 착한 아이'였다. 아이에게 학교에 갈 수 없는 이유를 물어보아도 명확한 이유는 없었다. 아이 자신도 왜 학교에 갈 수 없는지 모르겠다고 했다. 그저 어느 날 갑자기 학교에 갈 수 없게 된 것이다.

아이는 왜 등교를 거부하게 된 걸까? 나는 그 원인을 알아내기 위해 등교 거부와 관련한 책을 닥치는 대로 읽고 인터넷에서도 정보를 긁어모았다. 심리학 책까지 섭렵하고 나니 눈앞에 깔린 안개가 서서히 걷히는 느낌이 들었다. 지금까지 딸이 했던 언행과 나의 언행이 맞물리면서 왜 우리 아이가 등교를 거부하게 되었는지 이해할 수 있었다.

나는 잔소리가 심했다

앞서 말했듯이 나는 잘 훈육해서 아이를 제대로 키워야 한다는 생각으로 아이를 대해 왔다. 그래서 아이가 어렸을 때부터 엄하게 대했고 사사건건 잔소리를 했다.

"그거 했니?"
"이건 했어?"
"아직 다 안 했잖아!"
"친구를 기다리게 하면 안 돼!"
"다른 사람한테 폐를 끼치면 안 돼!"

항상 일과 집안일에 쫓기던 나는 한정된 시간 안에 아이를 어린이집이나 학교에 보내야 했기에 아이가 굼뜨게 행동하면 "빨리 좀 해! 왜 이렇게 꾸물거려!"라며 아침부터 짜증을 부릴 때도 많았다.

등교를 거부하는 자녀를 둔 부모는 친구 사이에 문제가 생겼다거나, 선생님에게 혼이 났다거나, 동아리에서 불합리한 일을 당했을 것이라는 등 아이에게 무언가 큰 영향을 미치는 일이 생긴 결과 아이가 학교에 갈 수 없게 되었다고 생각하기 쉽다. 그러나 설사 그러한 일이 실제로 발생했다 하더라도 그것은 등교를 거부하는 계기이지 원인은 아니다.

예를 들어 친구 관계 문제로 등교를 거부하게 되었다면, 그 문제가 어느 정도 해결되었을 때는 학교에 갈 수 있어야 한다. 그러나 등교를 거부하는 아이들의 대부분은 문제가 해결되어도 학교에 가지 못한다. 그 이유는 무엇일까?

사소한 스트레스가 쌓여 자존감을 해친다

사실 등교 거부는 아이의 자존감 저하와 관련이 있다. 자존감이란 '나는 가치가 있는 사람이다.', '나 자신에게 만족한다.'와 같이 자신의 존재 의의와 가치를 긍정할 수 있는 감각을 말한다.

지금의 아이들은 숙제, 학원, 동아리 활동 등 해야 할 일이 매우 많다. 그리고 자신이 해야 할 일을 마주할 때마다 자기감정과 싸우게 된다.

'○○해야 하는데 못하겠다.'
'○○해야 하는데 하기 싫다.'

이런 식으로 자기감정과 싸운 끝에 아이가 자기감정을 우선시해 '할 수 없다' 또는 '하지 않겠다'를 선택하면 결과적으로 어른들에게는 인정받지 못한 채 "왜 할 수 없어?", "왜 안 하는 거니?" 등의 말을 듣는다. 이 과정이 반복되면 아이는 차츰 자신을 쓸모없는 인간이라고 생각하게 된다.

이와 같은 일상의 작은 시도와 실패가 거듭됨에 따라 아이는 서서히 자신감을 상실하고, 어떤 문제가 일어났을 때 더 이상은 할 수 없다며 버티지 못한다.

아이의 자존감 저하는 일상의 사소한 스트레스가 쌓여 일어나므로 대개 부모는 알아차리지 못한다. 따라서 부모 눈에는 등교 거부가 갑자기 시작된 것처럼 보인다. 그러나 아이의 심리 상태에서 보면 등교를 거부하기 전부터 잠재적인 등교 거부가 이미 시작되었다고 할 수 있다.

완벽한 부모가 되려다 놓친 것들

책임감이 강한 부모일수록 엄하다

그럼 '왜 우리 아이만 등교를 거부하는 걸까?'라는 의문이 들 수 있다.
그래서 등교 거부에 빠지기 쉬운 부모-자녀의 조합을 표로 소개한다.

등교 거부에 빠지기 쉬운 부모-자녀의 특징 조합

자녀의 특징	부모의 특징
성실함	아이를 반듯하게 키우려고 함
마음씨가 착함	아이가 실패를 경험하지 않도록 먼저 나서서 말하거나 행동함
다른 사람의 기분을 잘 파악함	지나친 간섭, 잔소리가 심함
사물에 대한 이해가 빠름	엄하게 훈육함
느긋한 성격	다른 사람의 시선이나 평가를 중시함
열심히 함, 노력파	다른 사람에게 폐를 끼치면 안 된다는 말을 입버릇처럼 말함
정의감이 강함	시간을 정확하게 지키려고 함
차분하지 않음, 행동파	책임감이 강함

훈육은 부모의 책임이라고 생각하는 육아 방식에서는 '이렇게 해.', '그렇게 하지 않으면 안 돼.'라는 식으로 아이에게 가르친다. 이 경우 부모는 '그건 했니?', '이건 했어?', '빨리해!', '아직 다 안 했어?'처럼 항상 아이에게 부정적인 말을 하기 쉽다.

특히 부모가 빈틈없고 책임감이 강한 사람일수록 엄하게 훈육할 가능성이 크기 때문에 좋든 싫든 아이의 자존감이 낮아지기 마련이다.

한편 성실하고 노력파인 아이는 어른들이 요구하는 바를 잘 해내려고 한다. 그 일을 해내면 어른들은 추가적인 일을 요구한다. 그런데 성실한 아이이므로 꼭 해야 한다고 생각하는 데다, 해내지 못했을 때도 괜찮다고 여기지 않고 자신이 잘못했다고 느낀다.

발달장애를 앓고 있거나 ADHD 때문에 주의가 산만한 아이라면, 아무래도 선생님이나 부모에게 꾸중을 듣는 횟수가 많으므로 자존감이 낮아지기 쉽다.

자책하지 말자, 당신의 잘못이 아니다

앞 장에서 소개한 '등교 거부에 빠지기 쉬운 부모-자녀의 특징 조합'을 보고 '딱 우리 아이잖아!', '저건 나인데?' 하고 충격을 받았을지도 모른다. 하지만 절대 나 때문에 아이가 등교를 거부하게 되었다고 자신을 탓하지는 말자. 오로지 부모가 문제라면 더 엄하게 훈육하는 부모 밑에서 크는 아이도 학교에 갈 수 없어야 한다.

현재 일본 중학교에서는 한 반에 한두 명 정도가 등교를 거부하고 있다. 학급당 학생 수가 35명이라고 가정했을 때, 약 33명의 부모가 당신보다 자녀를 더 잘 키우는 걸까? 사실 그렇지 않다고 본다.

그러니 자신을 책망하지 말고 지금부터 무엇을 할 수 있을지 함께 생각하며 등교 거부 생활을 극복해 나가자.

회복하기 위한 조건 세 가지

단기간에 학교로 돌아가는 아이와 시간이 걸리는 아이의 차이

당시 나는 단기간에 학교로 돌아가는 아이와, 우리 아이처럼 장기간 학교에 갈 수 없는 아이의 차이점이 무엇인지 궁금했다. 아이는 다음의 세 가지 조건이 갖춰졌을 때 단기간에 등교 거부에서 벗어날 수 있다.

1. 등교 거부의 원인이 명확하다.
2. 그 원인이 해결 또는 개선되었다.
3. 심리적 방어막이 탄탄하다.

친구에게 따돌림을 당해 학교에 갈 수 없게 된 경우를 예로 들어 보자. 담임선생님과의 면담을 통해 교우 관계 문제가 해결되고 환경이 갖춰져 학교에 갈 수 있게 되었다면 그 아이는 자존감이 낮지 않고 심리적 방어막이 탄탄했다는 뜻이다. 이런 아이는 문제가 해결되고 본인 마음의 상처가 치유되면 학교에 갈 수 있다.

그러나 같은 상황에서 교우 관계의 문제가 해결되었는데도 학교에 갈 수 없는 아이도 있다. 앞(p. 32)에서도 언급했듯이 **자신감과 자존감이 떨어진 상태이기 때문에 문제가 해결되어도 학교에 갈 수 없는 것이다.** 또, 이 경우 학교에 가지 못하는 자신을 책망하며 움직일 수 없게 되므로 학교로 돌아가기가 더 어려워진다.

등교 거부 기간이 길다고 해서 아이가 빈둥거리거나 게으름을 피우는 것은 아니다. 등교 거부에서 단기간에 회복하는 아이와 그렇지 않은 아이와의 차이는 **자존감의 차이, 다시 말해 심리적 방어막이 탄탄한지**에 달려 있다.

등교 거부 아이들의 진짜 마음

부모에 대한 미안함과 자기비하

아이가 학교에 가지 않는 이유를 알고 싶은 마음에 아이에게 계속 학교에서 무슨 일이 있었냐고 물어보는 부모님이 많을 것이다. 그리고 아이가 학교에 갈 수 없는 이유를 말하지 않는다거나, 물어볼 때마다 다른 이유를 댄다거나, 등교 거부의 원인이 해결됐는데도 학교에 가려고 하지 않는 등의 모습을 보이면 도대체 아이가 무슨 생각을 하고 있는지 알 수 없어 고민이 깊어질 것이다.

부모야 당연히 무슨 문제가 있다면 그 원인을 해결해 아이가 학교에 갈 수 있도록 돕고 싶을 것이다. 그러나 아이에게 학교에 갈 수 없는 이유를 자꾸 묻는 것은 아이를 심리적으로 압박하는 셈이므로 아이가 등교를 거부하기 시작한 시기에는 가만히 지켜보기를 바란다.

학교에 가지 못하는 이유는 다양하겠지만, 등교를 거부하는 아이들에게는 공통점이 있다.

과연 아이들은 어떤 생각을 하고 있을까? 등교 거부 극복 강좌의 수강생 사례에서 나온 공통된 고민거리는 다음과 같다.

- 다른 아이들은 싫은 일도 할 수 있는데, 나는 할 수 없다.
- 싫다는 이유로 하지 않는 나는 쓸모없는 인간이다.
- 어차피 나 같은 건 사회에 나가도 잘 살 수 없다. 나에게 공부 따위는 의미가 없다.
- 나는 불평만 하고 아무것도 할 줄 모른다.
- 나는 내가 정말 싫다. 나는 최악의 인간이다.
- 나는 살 가치가 없는 인간이다. 이 세상에서 사라지고 싶다.
- 내가 엄마의 아이가 아니었으면 좋았을 텐데. 엄마도 내심 그렇게 생각할 것이다.
- 하지만 실은 부모님이 내 마음을 알아줬으면 좋겠다.
- 부모님에게 몇 번이나 이야기했지만 받아들여지지 않는다. 결국, 다투다가 부모님에게서 싫은 소리를 듣게 된다.
- 더는 상처받고 싶지 않다. 지쳤다.
- 내가 이런 사람인 걸 부모님이 안다면, 분명 나를 싫어하게 될 것이다.
- 그래도 사실은 내 손을 잡아 줬으면 좋겠다. 엄마에게 응석을 부리고 싶고 엄마 품에서 쉬고 싶다.
- 하지만 어떻게 해야 좋을지 모르겠다.

아이들은 이런 생각을 하며 혼자 괴로워하고 있다.

그리고 부모님은 절대 내 마음을 모를 것이라 생각하므로 부모에게는 속마음을 이야기하지 않는다.

'학교에 가야 한다'는 현실과 '학교에 가길 바라는' 부모의 마음은 아이도 충분히 알고 있다. 그렇기에 아이들은 자신을 부정하고 부모에게 죄책감을 느낀다.

2장

대표적인 등교 거부 현상

등교 거부 자녀에게서 나타나는
대표적인 현상 12가지

대표적인 현상을 알아 두면 안심이 된다

학교에 가지 않는 아이와 함께 집에 있으면 부모는 이해하기 힘든 아이의 말이나 행동이 거슬리기 시작한다. 점점 불안해져 어떻게든 아이를 바꾸려고 하다가 자녀와의 관계가 악화하는 사례를 심심치 않게 볼 수 있다.

지금까지 아이의 등교 거부 문제로 고민하는 부모님 약 500명의 이야기를 들어 오면서 등교 거부 아이들의 공통점을 깨달았다. 여기서부터는 나뿐만 아니라, 등교 거부 자녀를 둔 부모님들이 자주 이야기하는 공통적인 현상을 소개한다. 대표적인 현상을 미리 알아 두면, 아이가 어느 날 그런 태도를 보였을 때 당황하지 않고 대응할 수 있으므로 꼭 참고하길 바란다.

아침에 일어나지 않는다

아무리 깨워도 꿈쩍하지 않는다

아이가 등교를 거부하기 시작했을 때 내가 가장 먼저 맞닥뜨린 난관은 아이가 아침에 일어나지 않는 것이었다. 일어나라고 몇 번을 부르고, 흔들어 깨워도 보고, 일으켜서 침대에 앉혀도 봤지만, 눈을 뜨지 않았다. 전날 빨리 재워도 소용이 없었다. 갖은 방법을 동원했지만 아이는 아침에 일어나지 못했다.

등교를 거부하는 자녀를 둔 상당수의 부모님이 '아침에 일어나지 않는' 문제로 고민하고 있을 것이다. 어떻게 하면 아이가 아침에 일어날지 해결 방법이 궁금할 텐데, 등교 거부 기간에는 아이를 억지로 깨우지 말자. 마음이 회복되고, 움직이는 데 필요한 에너지가 충전되면 자연스럽게 일어날 것이다.

등교를 거부하는 아이가 아침에 일어나지 못하는 이유는 크게 두 가지이다.

① 학교에 가지 못한다는 데서 오는 죄책감과 부모의 압박

부모가 주는 압박과 학교에 가지 못한다는 죄책감을 한꺼번에 느끼는 시간대가 바로 아침이다. 그러니 '몸이 일어나기를 거부하고 있다'고 이해해 주자. 밤낮이 바뀌는 현상도 여기에 해당한다. 낮은 모두가 학교에 가는 시간대이고, 가족을 비롯한 세상 사람들의 움직임도 활발하다. 그에 비해 모두가 잠든 고요한 시간대인 밤은 죄책감에서 해방되기 때문에 등교를 거부하는 아이에게는 생활하기 편한 셈이다.

② 등교 거부 아이에게 자주 일어나는 기립성 조절 장애●

기립성 조절 장애 진단을 받은 아이의 경우, 약을 잘 먹어 병이 나으면 학교에 갈 수 있다고 기대하는 부모도 있을 것이다. 하지만 왜 아이가 기립성 조절 장애를 앓게 되었는지, 그 원인을 살펴볼 필요가 있다.

기립성 조절 장애의 원인은 아직까지 확실히 밝혀지지 않았지만, 일상의 스트레스가 주요 원인이라고 본다. 물론 의학의 힘을 빌려 몸과 마음을 개선해 나가는 접근법도 중요하겠지만, 아이가 느끼는 일상적 스트레스의 원인이 개선되지 않으면 근본적인 문제 해결이 어려운 경우가 많은

● 자율신경실조증의 일종으로, 순환기계 조절이 원활하지 않아 일어섰을 때 현기증이나 가슴 두근거림, 실신 등의 증상이 생기기도 함

듯하다.

또, 약을 먹어도 아침에 일어나지 못한다거나, 지나치게 많이 잔다거나, 몸이 나른해지는 등 약의 부작용 때문에 오히려 힘들어지는 사례도 종종 있다. 이런 경우는 반드시 의사와 상담하는 편이 바람직하다.

부모는 "일어나야지."라고 한두 번 정도 말을 걸고, 무리하게 깨우지 않도록 하자. 특히 등교 거부 초기에는 규칙적인 생활보다도 집을 편히 쉴 수 있는 장소로 만드는 것이 중요하다.

 아침에는 일어나라는 말은 하되, 무리하게 깨우지 않는다.

양치하지 않는다, 옷을 갈아입지 않는다, 몸을 씻지 않는다

움직이기 귀찮아한다

"아이가 양치질을 안 해요."

"옷을 갈아입지 않아요."

"몸을 씻지 않아요."

종종 내가 주최하는 강좌의 수강생들로부터 아이가 씻는 걸 너무 귀찮아해서 지저분하다는 고민 상담을 받는다.

"충치 생기면 네가 힘들어."

"옷을 안 갈아입으면 찝찝하지 않아?"

"지저분한데 목욕 좀 해라."

이렇게 아무리 아이에게 주의를 주고, 때로는 협박으로 느껴질 만큼 강하게 말해도 아이의 태도는 전혀 바뀌지 않는다. 부모 입장에서는 답답할 노릇이지만, 힘이 빠지면 아무런 의욕도 생기지 않아 움직이지 않는다. 그만큼 등교를 거부하는 아이들은 생기가 고갈된 상태이다.

마음이 회복될 때까지는 본인에게 맡긴다

아이의 마음이 회복될 때까지는 지나치게 주의를 주거나 무리하게 움직이게 하려는 행동을 삼가는 편이 좋다. 억지로 움직이게 할수록 오히려 역효과를 낳는다.

"오늘은 양치질할 수 있을 것 같아?"
"갈아입을 옷은 여기에 둘게."
"오늘은 몸을 씻으면 어떨까?"

이렇게 아이가 압박을 느끼지 않을 정도로 부드럽게 말을 걸고 나머지는 아이 본인에게 맡기자.

아이의 마음이 회복될 때까지 부모는 참아야 한다. 그때까지는 아이가 심리적 압박감을 느끼지 않도록 배려하며 말을 거는 편이 좋다.

 아이가 압박감을 느끼지 않도록 배려하며 말을 하자.

두통, 복통, 메스꺼움, 불면 등의 신체 증상

매일 아침 두통이나 복통을 호소한다

본격적으로 등교를 거부하기 전까지 아이들은 신체 증상을 호소한다는 공통점이 있다. 아침이 되면 머리나 배가 아프다며 학교 가기를 꺼린다. 두통과 복통은 등교 거부 자녀에게서 흔히 볼 수 있는 전조 증상이며 이 외에도 권태감, 과호흡, 탈모, 틱 등이 있다.

만약 아이가 몸이 아프다고 하거나 학교 가기를 꺼리는 모습을 보인다면, 아이가 심리적으로 압박을 받고 있지 않은지 일상생활을 돌이켜 보자.

예를 들어 아이보다 먼저 나서서 "○○은 했니?", "○○해야지."라는 식으로 지나치게 간섭하고 있지는 않은가?

아이들은 우리가 생각하는 것 이상으로 부모의 말을 잘 들어야 한다고 여긴다. 아이가 따라가기 버겁다고 느끼거나, 사실은 하기 싫은 일을 억지로 계속하면 그것이 신체 증상으로 발현된다.

아이의 컨디션을 잘 유지하기 위해서는 아이가 안심할 수 있고 더불어 안전하다고 느낄 수 있는 집안 환경을 만들고, 부모-자녀 간에 일상적인 대화를 늘려 가며 불안과 죄책감을 줄이는 것이 중요하다.

그리고 지금은 학교에 갈 수 없더라도 엄마, 아빠가 있으니까 괜찮다고 느끼게 되면 대개 아이의 상태가 좋아진다.

아이가 안심할 수 있고,
안전하다고 느낄 수 있는
집안 환경을 만들면 상태가 호전된다.

밥을 먹지 않는다

체중이 점점 줄어든다

등교를 거부하는 자녀가 밥을 먹지 않아 걱정이라는 부모님들이 있다. 우울해하고 외출도 하지 않으므로 학교 가기를 거부하는 아이들이 하루 두 끼만 먹는 경우는 심심치 않게 찾아볼 수 있다. 밤낮이 바뀐 아이들의 상당수는 밤중에 과자나 야식을 먹고, 밥은 낮에 한 번만 먹는다.

내 경험상 식욕 증진에 가장 효과적인 방법은 부모-자녀 관계를 개선하는 것이다. 실제로 내가 주최하는 강좌에서도 일상적인 대화의 양을 늘림으로써 부모-자녀 관계를 개선했더니 아이의 식욕이 증진되었다는 사례를 많이 찾아볼 수 있었다. 아이가 좋아하는 음식이나 뭘 먹고 싶은지 매일 물어보는 것도 부모가 자신을 신경 쓰고 있다고 느끼게 하므로 효과적이다.

다만 아이가 하루에 한 끼만 먹거나 점점 체중이 줄어 걱정된다면 심료내과나 소아청소년과 전문의의 진찰을 받아 보기를 권장한다.

등교를
위한
한마디

하루에 두 끼만 먹는 경우는 많다.
마음이 회복되면 식욕도 자연스럽게 돌아온다.

현상 ❺

게임, 유튜브 삼매경에 빠져 있다

과도한 게임, 스마트폰 사용을 제한하고 싶다

등교 거부 자녀를 둔 부모들을 힘들게 하는 대표적인 고민거리 중 하나가 게임과 유튜브 중독이다. 장시간 게임이나 유튜브에 빠져 있는 모습을 보면, 아이의 장래가 어떻게 될지 불안해지기 마련이다. 이에 사용 시간을 제한하거나 게임기나 스마트폰을 강제로 압수하다 결국 부모-자녀 관계가 악화되는 가정도 많을 것이다.

그럼 어떻게 하면 아이의 게임, 스마트폰 사용을 제한할 수 있을까? 아이는 스스로 안 되겠다고 생각하지 않는 한 사용 시간을 조절하지 않는다. 아이가 게임이나 스마트폰 사용을 멈출 수 없는 이유는 무엇일까?

아이는 부모가 말하지 않아도 게임, 스마트폰에만 몰두하는 일이 나쁘다는 사실도, 학교에 가야 한다는 것도 인지하고 있다. 오히려 미래가 불안한 사람은 아이 본인이다. 불안해서 아무것도 손에 잡히지 않고, 자신의 기분을 알아줄 사람은 없다고 느낀다. 이런 감당하기 벅찬 불안과 스트레스를 게임이나 스마트폰으로 푸는 것이다. 아이에게 게임과 스마트폰 사용은 사활이 달린 문제나 마찬가지이다. 유일하게 현실을 잊게 해주는 동시에 자신을 유지할 수 있는 시간이기 때문이다.

부모와의 타협점을 아이가 정하게 한다

이런 상황을 개선하려면 먼저 부모에게 말할 수 없는 아이의 감정을 부모가 알아주어야 한다. 부모가 아이의 기분을 헤아리고 있다는 심리적인 소통이 충분히 이루어진 뒤에 아이 스스로 게임, 스마트폰의 사용 규칙을 정하게 하자. 아이는 부모가 무엇을 걱정하는지 알고 있다. 그래서 부모와의 타협점을 아이가 생각하게끔 하는 것이다.

처음에는 부모가 만족할 만한 규칙이 아닐지도 모른다. 하지만 아이가 제안한 규칙은 그대로 수용해 주는 것이 좋다. 그대로 실천해 보고, 만약 약속을 지키지 못했다면 다시 같은 방식으로 대화를 통해 결정하면 된다.

학교생활이나 공부 방법에서도 흔히 말하는 육아법은 일단 내려놓고, 아이를 존중하는 자세로 게임이나 스마트폰 사용에 관해 이야기를 나누자. 그러면 아이는 차츰 자신을 스스로 조절하는 법을 익히게 될 것이다.

흔히 말하는 육아법을
아이에게 적용하지 않는다.

간다고 해 놓고 가지 않는다,
말로만 한다고 한다

간다는 걸까, 안 간다는 걸까?

"학교 갈게."

"학원 갈게."

"내일은 갈 거야."

"이번에는 꼭 갈게."

학원이나 학교에 간다고 해 놓고 정작 당일이 되면 말을 바꾸기 일쑤이다. 그런 아이를 보며 매일같이 속이 부글부글 끓는 부모님들이 많으리라 생각한다.

등교 거부 아이들에게서 흔히 볼 수 있는 패턴을 살펴보자. 예를 들면 학원에 갈 시간이 가까워지면 두통 등의 신체 증상을 호소한다. 곧 나갈 시간이라고 알려 줘도 게임을 끄지 않는다. "그런 말을 하니까 갈 마음이 싹 사라졌어."라며 말을 건 부모 책임으로 돌리기도 한다. 결국, 부모가 어떤 반응을 보이든 직전에 약속을 취소한다.

학원에 다니기로 한 경우, 아이가 갑자기 거부하면 학원에 폐를 끼치게 되는 데다 학원비를 기부하는 꼴이므로 "안 갈 거면 확실히 말을 하든가!"라고 내지르고 싶어진다.

나 역시 아이의 말에 휘둘려 무척 애를 먹었다. 이렇게 말로만 하는 약속은 알고 보면 죄책감에서 비롯된 발언이라는 사실을 지금은 잘 안다.

아이는 거짓말을 하지 않았다. 하지 않는 것이 아니라, 할 수 없는 것이다. 지금 아이는 어떻게 하면 좋을지 몰라 불안하다. 말로만 하는 약속은 아이의 마음이 회복되고 자신의 미래에 희망이 보였을 때 자연스럽게 사라질 것이다.

아이의 말을 곧이곧대로 받아들이면 화가 나고 결국 아이와 감정적으로 충돌하는 악순환이 반복될 뿐이다. 부모는 말이 아닌 아이가 보내는 감정의 메시지를 받아들여야 한다.

등교와 공부는 마음먹어야 할 수 있는 일이다. 특히 마음이 회복되지 않은 등교 거부 초기에는 일단 아이가 짊어지고 있는 부담을 전부 내려놓게 하고, 집에서 편하게 쉴 수 있는 분위기를 만들어 주는 것이 좋다.

아이의 말이 아닌
감정과 욕구를 받아들이자.

일상적인 대화는 나누지만
정작 중요한 이야기는 하지 않는다

중요한 이야기가 나오면 마음의 문을 닫아 버린다

'아이가 부모에게 속마음을 말하지 않는다.' 이렇게 느끼는 부모가 있을지도 모르겠다. 일상적인 대화는 즐겁게 나누다가도 정작 중요한 이야기가 나오면 금세 안색이 달라지면서 마음의 문을 닫아 버리는 경우가 많다. 왜 아이는 부모에게 속마음을 말하지 않는 걸까? 아이가 학교에 가지 못하는 고민을 부모에게 털어놓았을 때, 아이에게 뭐라고 대답할지를 생각해 보면 그 이유가 떠오를지도 모른다.

"해야 할 일은 꼭 해야 돼."
"지금 할 수 있는 일을 조금이라도 하자."
"고등학교 졸업장도 없으면 사회에 나갔을 때 힘들어."

아이에게 이런 '조언'을 하고 있지는 않은가?

아이는 부모가 어떻게 말할지 이미 알고 있다. 그래서 부모에게 이야기한들 고민을 해결할 답을 얻을 수 없다고 생각한다. 속마음을 말해 봐야 자신이 학교에 가는 것 외에는 해결 방법이 없으며, 부모에게 괜한 걱정만 끼치므로 아무 말도 하지 않는 것이다.

등교 거부 생활을 극복하려면 아이가 부모에게 자기 생각을 솔직하게 이야기할 수 있는 관계를 만들어야 한다. 그러기 위해서는 부모부터 '학교에 가지 않아도 밝은 미래는 있다.'라는 생각을 가져야 한다. 과거 학생 시절에 등교를 거부했으나 훗날 사회에서 활약하고 있는 사람들도 많다. 인터넷 검색 등을 통해 이런 사례를 찾아보는 것도 방법이다. 부모가 아이의 미래는 어떻게든 될 거라는 생각을 할 수 있을 때, 비로소 아이의 불안한 마음을 받아들일 수 있게 되고 아이에게 용기를 불어넣어 줄 수 있다.

등교를 위한 한마디

부모의 마음이 안정되지 않으면
아이는 속마음을 터놓을 수 없다.

아기처럼 어리광을 부린다

아이는 부모가 자신을 포기할까 봐 불안해한다

학교에 가지 못하는 아이에게 부모의 존재는 우리가 상상하는 것 이상으로 크다.

'부모님이 날 포기한다면 나는 더 이상 살 가치가 없어.'

입 밖으로 내지만 않을 뿐 상당수의 아이가 하는 생각이다.

아이는 부모님이 자신에게 손을 내밀어 주기를 바라면서도 자포자기에 빠져 반항하거나 방에 틀어박힌다. 그리고 매우 불안해하며 부모가 자신을 포기하지 않았는지 시험한다.

아이의 특성에 따라 다를 수 있으나 보통 부모에게 응석을 부리거나 떼를 쓴다. 남녀를 불문하고 등교를 거부할 때 갓난아기처럼 구는 아이들의 모습을 자주 볼 수 있다.

우리 아이의 경우는 불안해지면 나와 함께 자고 싶어 했다. 그럴 땐 아이가 어렸을 때처럼 함께 누워 이야기를 들려주면 안심하고 잠이 들었다.

또, 일을 마치고 집에 돌아와 방에 들어가 보니 아이가 침대에서 자고 간 흔적이 남아 있던 적도 많았다.

"엄마 냄새를 맡으면 마음이 편안해져."

이렇게 말하는 딸아이는 외로움이나 불안함을 느끼면 내 침대에서 자곤 했다.

부모의 애정을 갈구한다

이런 딸아이의 이야기를 당시 심리학을 전공한 선생님에게 했을 때 들은 말이 있다.

"어릴 때 충분히 어리광을 부리지 못한 아이는 어른이 되어서도 그때의 욕구를 지니고 있고, 그 욕구를 채우고 싶어 합니다. 그러니 아이가 어리광을 부리지 못했던 어린 시절의 욕구를 충족시켜 주어야 합니다. 아이가 몇 살이든 포옹을 해 주거나 뽀뽀를 하면서 애정을 듬뿍 표현해 주세요."

아이가 어리광쟁이가 되었다면 아이에게 애정을 듬뿍 쏟아 주는 것이 좋다. 몸의 나이는 어엿한 중학생 또는 고등학생이어도, 마음의 나이는 아직 초등학생에 머물러 있을지도 모른다. 아이는 그때의 애정을 갈구하는 것이다. 부모의 사랑이 충분히 채워지면 아이는 자연스럽게 부모에게서 독립하게 된다.

 부모가 사랑을 채워 주면
아이는 독립한다.

폭언, 폭력, 방에 틀어박히기, 우울증

아이가 부모에게 반항하는 이유

아이가 사춘기에 접어들면 폭언, 폭력, 은둔, 우울증 등의 양상을 보이곤 하는데, 이때 대부분의 부모는 앞으로 아이를 어떻게 키워야 할지 갈피를 잡기 힘들어한다. 아이는 성향에 따라 감정을 밖으로 표출하기도 하고 반대로 숨기기도 하는데, 아이가 부모님의 뜻대로 살 수 없다는 자신의 의사를 말과 행동으로 표현하는 시기가 사춘기이다.

이런 상황을 개선할 효과적인 방법은 지금까지와 반대되는 방법을 취하는 것이다. 예를 들어 지금까지는 아이를 제대로 키워야 한다는 생각에 이런저런 간섭을 많이 했다면 앞으로는 다정하게 지켜봐 주고, 부모의 권위를 내세워 아이를 행동하게 했다면 이제는 서로 대화를 통해 해결하는 등 지금까지와 반대되는 방법을 취해 보는 것이다.

"더는 부모님이 하라는 대로 하지 않을 거야."

"다른 사람들과 똑같이 살고 싶지 않아."
"이제 어떻게 해야 좋을지 모르겠어."

아이는 이런 메시지를 보내고 있다. 부모가 하는 말은 맞는 소리라 자신의 말과 행동에 승산이 없으므로, 아이는 자기 나름의 방식으로 부모에게 반항하는 것이다. 아이가 문제 행동을 일으키는 이유는 자신을 인정해 주길 바라는 심리가 있기 때문이다. 우리가 실수나 실패를 거듭하면서 더 나은 선택을 배웠듯 아이도 같은 경험을 하게 해 주어야 한다. 부모 자신의 옳고 그름의 기준으로 아이를 판단하지 않도록 노력하다 보면 아이는 부모에게 반항할 이유가 없어지므로 상황은 호전될 것이다.

만약 아이의 폭언이나 폭력, 은둔, 우울증 등이 고민이라면 이는 아이가 성장하고 있다는 증거라고 생각하길 바란다. 그리고 사실 아이는 부모님을 사랑한다는 사실을 잊지 말자.

지금까지와 반대되는 양육 방식으로
부모-자녀 간에 신뢰 관계를 구축하자.

자신을 포기하는 말을 한다

부모를 당혹스럽게 만드는 아이의 말과 행동

"나는 살 가치가 없어."

"어차피 나는 뭘 해도 안 돼."

등교 거부 자녀들은 종종 부모를 당혹스럽게 하는 말을 내뱉곤 한다. 이때 부모는 대부분 그렇지 않다거나 할 수 있는 일을 하면 된다며 아이를 위로한다. 하지만 돌아오는 건 아이의 폭탄 발언이다.

"내가 언제 엄마한테 낳아 달라고 했어?"

"왜 나 같은 걸 낳았는데!"

"나 같은 건 태어나지 않는 편이 좋았을 텐데."

학교에 갈 수 없게 된 아이는 심리적인 압박감에 학교에 가지 않으면 살 가치가 없다고 느낀다. 자신이 학교에 가길 부모가 간절히 바라기 때문이다. 등교를 거부하는 아이에게 부모는 사회에서 살아가려면 학교에 꼭 가야 한다고 가르친다. 그러면 아이는 학교에 가지 못하는 자신은 살 가치가 없다고 느끼게 되고, 차라리 태어나지 않는 편이 나았다는 생각에 이른다.

아이에게 이와 같은 말을 들으면 부모는 당연히 학교보다 아이가 중요하다고 여기지만, 그렇다고 정말 학교에 가지 않아도 된다는 생각을 하기는 힘들다. 아이는 부모의 그런 심리를 민감하게 알아차리고 애정을 시험하려고 한다. 자신을 향한 부모의 사랑은 학교에 간다는 조건이 붙는 사랑인지, 대가 없는 사랑인지를 알고 싶어 한다. 예를 들면 부모의 말꼬리를 붙잡고 대들거나, 무시하거나, 폭언을 내뱉으며 부모를 몰아세운다. 이런 형태의 대립은 등교 거부 자녀가 있는 가정에서는 흔히 있는 일이지만, 실제 당사자는 상당히 괴롭다.

부모의 애정을 시험하는 아이에게 부모가 해 줄 수 있는 일

막다른 골목에 몰린 아이를 구할 수 있는 것은 부모의 대가 없는 사랑이다. "네가 어떤 모습이든 나에게 넌 둘도 없는 소중한 존재란다."라는 마음을 아이에게 말로 표현하자. 그리고 몇 번이고 계속해서 말해 주는 것이 중요하다. 나 역시 아이에게 "나는 살 가치가 없어."라는 말을 들었을 때 얼마나 당혹스럽고 가슴이 철렁했는지 모른다. 하지만 지금은 진심으로 아이가 살아 있어 주어서 다행이라고 생각한다.

지금 이 순간만을 놓고 보면 등교 거부는 고통스러운 인생 최악의 사건일 수도 있다. 그러나 다른 관점에서 바라보면, 이런 위기 상황이 우리에게 진정한 부모의 사랑이 무엇인지 가르쳐 주고 있는지도 모른다.

 조건 없는 사랑이
아이를 구할 수 있다.

형제자매의 등교 거부

다른 아이도 학교에 안 가겠다고 할 때

'아이가 학교 가기를 거부하면 다른 형제에게도 영향이 미칠 것 같아 걱정이다.' 아이가 둘 이상인 부모라면 이런 불안을 안고 지낼지도 모른다.

아무래도 형제자매 중 한 아이가 학교에 가지 않으면 다른 아이에게는 학교에 가기 싫으면 가지 않아도 된다는 새로운 선택지가 생기므로 '학교를 쉰다'는 것에 대한 심리적 장벽이 낮아진다.

예를 들어 아이가 "왜 형은 학교에 안 가도 돼? 나도 가기 싫어!"라고 한다면 부모는 심장이 덜컥 내려앉는다. 또, 주변 사람들에게 두 아이 다 학교에 보내지 않는 잘못된 부모로 인식되지는 않을지 남의 시선도 신경 쓰이기 마련이다.

외동이라도 등교를 거부할 수 있다

외동을 둔 부모라면 상관없는 문제라고 여길지 모르지만, 현재 일본 중학교의 경우 한 반에 한두 명은 등교를 거부하는 실정이다. 등교 거부 학생의 영향을 받는다는 점은 형제자매가 있든 없든 마찬가지이다. 따라서 형제자매가 있는 아이도, 외동인 아이도 결국 학교에 가지 않는 선택지가 있다는 사실을 알게 된다.

배움의 기회라고 생각하면 마음이 편하다

나는 연쇄적 등교 거부가 꼭 나쁜 현상이라고 생각하지 않는다. 인간은 다른 사람의 영향을 쉽게 받는다는 점과 좋든 나쁘든 다른 사람의 영향을 받으면 어떻게 되는가를 어린 나이에 배울 수 있기 때문이다. 그리고 이런 종류의 일은 머리가 아닌 경험으로 배우는 것이라 생각한다.

자녀들의 연쇄적 등교 거부 문제로 고민하는 부모가 적지 않을 것이다. 하지만 아이마다 성향이 다르며 반드시 형제자매의 영향을 받는다고 장담할 수도 없다. 그러니 미리 걱정할 필요는 없다. 만약 이러한 일이 벌어졌더라도 초조해하지 말고 침착하게 대응하면 된다.

자녀들의 연쇄적 등교 거부에
초조해하거나 자신을 탓하지 말자.

100점이 아니면 안 되는
완벽주의 성향

99.9%를 달성해도 만족하지 못한다

    등교를 거부하는 아이 중에는 완벽주의자가 많다. 완벽주의 성향의 아이는 자신의 기대만큼 공부나 숙제를 하지 못하면 "이제 틀렸어."라며 울음을 터뜨리거나 급기야 학교를 쉬기도 한다. 다른 사람의 시선과 평가를 지나치게 신경 쓴다는 점도 자신에게 엄격한 완벽주의 아이들의 특징이다. 자신이 생각하는 기준에 부합하지 않으면 99.9%를 이룬 상태라 하더라도 하는 의미가 없다며 도중에 포기해 버린다.

    숙제하는 상황을 살펴보자.

"끝까지 다 못했어."

"글씨를 예쁘게 못 썼어."

"선생님이 숙제를 내준 방식이 애매해서 어떻게 해야 할지 모르겠어."

"답을 만족스럽게 쓰지 못했어."

"내가 쓴 답이 거의 틀렸을지도 몰라."

부모의 눈에는 아이가 사소한 것에 집착하며 불평하는 것처럼 보인다. 급기야 "틀렸어. 학교에 못 가겠어."라고 말한다. 부모가 옆에서 숙제를 빨리 끝내자거나 아는 부분만이라도 하자고 조언해도 소용없다. 아이는 자신만의 기준과 기대치가 있어서 시작도 하기 전에 정신적으로 지치기 때문이다.

완벽주의 성향의 아이에게는 적당히 한다거나, 대충 구색을 맞춰서 제출한다거나, 거의 다 했으니 만족한다는 식의 개념이 전혀 없다. 이들은 오로지 이분법적 사고를 한다.

타인을 엄격하게 평가한다

자신은 아무것도 할 수 없으면서 타인에 대한 비판이나 평가는 엄격하다는 점도 완벽주의 성향을 지닌 아이의 특징이다. 교사나 부모에 대한 비판, 또는 TV를 보면서 내리는 평가가 대표적인 예인데, 어른 못지않은 수준이라 그걸 듣고 있는 부모는 짜증이 나기 마련이다. 이렇게 엄격하게 비판하는 이유는 뭘까? 아이는 반드시 ○○해야 한다는 체크 항목을 많이 가지고 있기 때문이다. 그러한 가치관은 성장 과정에서 부모나 어른들의 영향으로 형성되는데, 성실하고 노력하는 성향의 아이일수록 마음속에 '절대적인 기준'이 생겨 이를 바탕으로 완벽을 추구하게 된다.

완벽주의자는 자신뿐만 아니라 타인에게도 완벽함을 요구한다. 그래서 이들이 내리는 비판이나 평가 또한 흠잡을 곳이 없는 것이다.

기준을 늘리지 않아야 한다

이분법적 사고를 지닌 완벽주의 성향의 아이에게는 조언하지 않는 편이 바람직하다. 'ㅇㅇ해야 한다'라는 기준이 새로 추가되기 때문이다. 부모는 **완벽을 추구하는 아이의 마음을 수용하고 인정해 주는 것이 좋다.** 예를 들어 숙제를 늦게 시작한 아이가 이를 시간 내에 끝마치지 못해 더는 무리라며 포기했을 때, "제대로 완성해서 제출하고 싶었지? 그래서 완벽하게 끝내지 못할까 봐 불안해서 숙제를 시작하기가 어려웠구나."라고 아이의 마음을 헤아려 준다. 그러면 아이는 부모가 자신의 마음을 알아준다는 안심감을 느끼는데, 이는 나아가 'ㅇㅇ해야 한다'라는 가치관의 약화로 이어진다.

아이가 할 수 없는 핑계를 늘어놓기 시작한다면 "열심히 하려고 했구나."라고 아이의 마음을 이해해 주는 말을 건네 보자.

등교를 위한 한마디

아이의 마음을 수용하고 인정해 주자.

등교 거부 자녀를 위한 부모의 10가지 멈춤

앞 절에서는 등교 거부 자녀에게서 나타나는 대표적인 현상 12가지를 살펴보았다. 여기서는 우리 아이가 학교 가기를 거부하던 당시 아이를 대하면서 느꼈던, 부모가 명심해야 할 행동 10가지를 소개한다. 가정에서 아이를 대할 때 조금이라도 참고가 되길 바란다.

① 아침에 깨우지 않기

매일 아침 아이를 흔들어 깨우자 점점 더 일어나지 않게 되었다. 아무리 등을 떠밀어도 학교에 가지 않았다.

② 억지로 학교에 보내지 않기

억지로 학교에 가게 했더니 아이 마음에 벽이 생겼다. 활력이 고갈된 아이에게 부모의 권위는 통하지 않는다.

③ 아이 친구들의 힘을 빌리지 않기

무턱대고 친구들의 힘을 빌리는 것은 오히려 역효과를 낳는다. 아이의 친구들에게 아침에 집 앞에 와 달라고 하거나, 휴대전화로 학교에 오라는 메시지를 보내 달라고 부탁하는 것 등이었다. 열등감을 느낀 아이는 자신을 쓸모없는 인간이라고 생각하게 되었다.

④ 부모의 극복 경험 이야기하지 않기

"엄마 아빠가 어렸을 때는 훨씬 더 힘들었어. 그래도 잘 이겨 냈지."라는 식의 이야기를 들려주었다. 그러자 아이는 부모님이 자신의 마음을 몰라준다고 판단하고, 속마음을 더 말하지 않게 되었다.

⑤ 칭찬하지 않기

아이를 칭찬하면 아이가 어떤 일을 하지 못했을 때 '역시 나는 안 되는구나.'라는 생각이 커진다. 아이가 해냈을 때는 그것을 당연하게 여기고, 하지 못했을 때는 자신을 쓸모없다고 여기는 현상이 반복될 뿐이었다.

⑥ 조언하지 않기

아이에게 매사에 조언한 결과, 아이는 자신이 할 수 없다는 확신을 갖게 되면서 자신감을 상실했다.

⑦ 격려하지 않기

꼼짝도 하지 않는 아이에게 "힘내!", "너라면 할 수 있어."와 같은 격려의 말은 도움이 되지 않는다. 도리어 힘이 빠지게 할 뿐이다.

⑧ 학교에 갈 수 없는 이유를 묻지 않기

등교를 거부하는 아이는 왜 학교에 가지 못하는지 자신도 이유를 모른다. 그 사실을 몰랐던 나는 아이에게 학교에 못 가는 이유를 수없이 물으며 아이를 정신적으로 힘들게 했다.

⑨ 억지로 공부시키지 않기

자기수용◦을 하지 못하는 상태의 아이는 무슨 말을 해도 공부하지 않는다.

⑩ 게임, 유튜브의 사용을 마음대로 제한하지 않기

부모의 권위를 내세워 스마트폰과 게임의 사용을 제한해 봤지만, 내 경우 안 좋은 결과로 이어졌다. 아이는 마구 화를 내거나, 숨어서 하거나, 방에 틀어박히게 되면서 점점 더 학교에 가지 않았다.

◦ Self-acceptance, 자신을 있는 그대로 인정하고 받아들이는 것 - 옮긴이 주

부모가 느끼는
3대 스트레스

아이를 잘 지탱하고 이끌어 가는 부모가 되려면

아이의 손을 잡고 이끌어 나가기 위해서는 먼저 부모의 심리 상태가 안정적이어야 한다. 스포츠 시합을 예로 들어 보자. 코너에 몰렸을 때 코치가 감정적인 태도를 보이며 초조해하면 덩달아 선수들도 불안해서 우왕좌왕하게 된다. 하지만 코치가 선수의 불안과 초조함을 받아들이고 선수들에게 용기와 희망을 불어넣는다면, 상황이 호전되어 승리로 이어질 수 있다.

이와 마찬가지로 등교 거부 시기의 정신적으로 불안정한 아이를 잘 붙들고 이끌어 가려면 **부모가 아이의 감정을 수용하는 자세로 대하는 것이 중요하다.**

그러나 학교 가기를 거부하는 아이를 둔 부모의 마음은 쉽게 동요한다. 아이에게 웃는 얼굴로 대하려고 해도 쉽지 않은 법이다. 부모의 불안한 감정을 안정시키기 위해서는 일상생활에서 느끼는 스트레스의 원인을 줄이는 것이 효과적이다.

지금부터는 아이의 등교 거부 기간에 내가 극심한 스트레스를 느꼈던 상황을 예로 들며 등교 거부 자녀를 둔 부모들의 마음을 지킬 수 있는 힌트를 소개하겠다.

매일 아침 학교에 결석을
알릴 때 느끼는 우울감

아침 단골 대사는 "학교 안 가?"

아이가 등교를 거부하면서부터 매일 아침 학교에 결석한다는 연락을 해야 했는데, 이것은 나의 초조함과 불안을 더욱 부채질했다. 결석하면 당연히 학교에 알려야 한다. 다만 등교 거부의 경우 아침마다 아이에게 학교에 갈 것인지 물어봐야 한다. 나에게 이 과정은 그야말로 지옥이나 다름없었다.

등교 거부 초기, 아이는 알람을 맞춰 놓고 잠을 잤다. 하지만 다음 날 알람이 울려도 일어나지 못했고, "학교 안 가?"라는 질문을 받을 걸 알기에 이불을 뒤집어쓴 채 나오지 않았다.

나는 아이의 의사를 묻지도 않고 학교에 결석을 알리는 것은 바람직하지 않다고 생각했기 때문에 아침마다 아이에게 학교에 갈 마음이 있는지 확인했다.

따라서 아이는 학교에 가길 바라는 부모의 압박과 학교에 갈 수 없다는 죄책감에 휩싸여 아침에 일어나기가 더욱 힘겨워진 것이다. 나는 나대로 그런 아침이 매우 스트레스였다.

전화기 너머로 전해지는 담임선생님의 보이지 않는 한숨

　담임선생님에게 결석한다는 연락을 하면 오늘도 학교를 쉬냐는 말을 들었고, 수화기 너머로 한숨 소리가 들려오는 것처럼 느껴졌다. 담임선생님이 왜 학교에 올 수 없는지, 언제쯤이면 올 수 있을지, 며칠이라도 올 수 없는지를 물어오자 "저야말로 알고 싶어요!"라는 말이 목구멍까지 차오르면서 초조함과 분노가 폭발할 것 같았다.

　그리고 그 스트레스의 화살은 아이에게 향했다. 학교에 가지 않는 아이에게 화가 치민 나는 아이를 억지로라도 학교에 보내려고 했다.

　등교 거부에 관한 지식이 쌓이기 시작한 뒤부터는 무리하게 학교에 보내는 것은 좋지 않으니 한동안 가만히 내버려 두자고 마음은 먹었지만, 학교에 결석을 알릴 때마다 정신적으로 시달렸고 아이를 가만히 지켜볼 수 없었다.

　학교에 매일 연락하느라 지친 나는 어느 날 담임선생님에게 "한동안 학교에 못 갈 것 같으니, 갈 때 연락 드리겠습니다."라고 말했다. 하지만 선생님은 지금처럼 매일 아침 연락해 달라고 했다. 학교 측에서는 가정에서 아무런 연락을 받지 못한 상태에서 학생이 결석하면 등굣길에 무슨 일이 있었던 건 아닌지 염려스러울 테니 나 역시 당연히 학교에 결석을 알려야 한다고 생각한다. 하지만 내가 정신적으로 무너질 것 같았기 때문에 그런 사정을 선생님에게 설명해 학교에 가는 날에만 연락하기로 했다. 그 후로는 내 마음도 한결 편안해지면서 아침마다 아이와 실랑이를 벌이는 일도 없어졌다.

학교와 아이를 조율하는 것이 부모의 역할

학교나 담임선생님의 말을 있는 그대로 받아들이고 따를 것이 아니라, 아이와 부모에게 좋다고 생각하는 방향을 잘 이야기하고 함께 협력해 나가는 것이 중요하다. 만약 지난날의 나처럼 힘겨워하고 있는 부모라면 한번 학교에 상담을 요청해 보길 바란다.

참고로 등교 거부 학생에 대한 대응은 학교나 담임선생님에 따라 다르다. 내가 주최한 강좌의 수강생들 이야기만 들어 보아도 등교 거부에 대한 이해나 대응은 학교나 담임선생님마다 천차만별이다.

예를 들어 "억지로 시키는 것은 좋지 않습니다. 그러니 일단 상황을 좀 더 지켜보도록 하죠."라고 말해 주는 선생님이 있는가 하면, 등교 거부는 집안 문제라고 여기는 선생님도 있다. 또, 학습이 뒤처지면 학교에 다시 오기 힘들어지므로 어떻게든 등교를 시켜야 한다고 생각하는 선생님도 있다.

상담사나 정신건강의학과 의사에게서 들은 말과 담임선생님의 의견이 서로 달라 어느 쪽을 따라야 할지 혼란스러워하는 부모도 적지 않을 것이다. 물론 학교나 선생님의 의견이 잘못되었다는 뜻은 아니다. 다만 우리 부모들은 '학교 선생님의 주된 역할은 학급 전체 학생들의 학력 신장'

이라는 점을 늘 잊지 말아야 한다. 또, 학교 선생님은 임상심리사가 아니므로 등교 거부나 심리학에 대한 전문 지식을 갖고 있지 않다. 부모의 역할은 학교와 아이 사이에서 조율하는 일이며, 아이의 회복으로 이어지는 바람직한 상태를 만들어 나가는 것이 중요하다.

부모의 마음을 지키는 힌트

▶ 학교에 결석을 알리는 일이 괴롭다면 담임선생님과 상담한다.

▶ 아이와 부모를 위한 최선의 선택지를 우선시한다.

다른 엄마를 만났을 때의 괴로움

주변 사람들의 말에 책망당하는 기분이 든다

딸아이의 등교 거부 초기에는 아이 친구들의 엄마를 만나기 싫었다. 이런저런 질문 세례를 받기 때문이다.

"왜 학교에 안 가요?"
"무척 쾌활한 아이였는데. 학교에서 무슨 일이 있었어요?"
"어리광 부리는 거 아니에요?"

이런 식으로 말이다. 그러다 시간이 조금 흐르자, "아이는 괜찮아요?", "어머, 아직도 학교에 안 가요?", "이유가 뭐예요?"라며 이것저것 캐묻기 시작했다. 당시 내 솔직한 감정은 이랬다.

'제발 좀 내버려 둬요! 왜 학교에 안 가냐고요? 나도 몰라요, 나야말로

알고 싶다고요!'

　모두에게 악의가 없다는 건 알지만 깊은 상처를 입었다. 그리고 '내 양육 방식이 잘못된 걸까?', '아이를 너무 엄하게 키웠나?', '내가 일하느라 아이와 함께 보내는 시간이 적어서였을까?' 하는 생각이 꼬리에 꼬리를 물었다. 안 그래도 내 탓인 것 같아 우울한데 다른 엄마들에게까지 이런저런 말을 들으니 비참했고 나를 책망하는 듯한 기분도 들어 무척 괴로웠다.

부정적인 감정의 화살은 아이에게로 향한다

　한번은 이런 일도 있었다. 길에서 아이 친구의 엄마를 우연히 만났을 때의 일이다. 그 엄마로부터 딸아이의 다른 친구인 A가 이사했다는 사실과 A는 공부도 운동도 잘해서 유명한 사립중학교에 편입했다는 이야기를 들었다. 그 순간 가슴이 마구 두근거리기 시작했다. 그 엄마는 우리 아이가 학교에 안 간다는 사실을 몰랐으므로 별 뜻 없이 이야기한 것뿐이었다. 하지만 나는 "대단하네요!"라며 미소를 지어 보이는 게 최선이었고, 그 엄마가 자리를 떠난 뒤 눈물이 사정없이 흘러내렸다.

　다른 엄마들을 만나면서 질투심이나 열등감, 굴욕감 같은 감정이 들지 않는다면 그게 더 이상하지 않을까. 아이 친구의 엄마들을 만날 때마다 피어나는 부정적인 감정은 결국 힘없는 우리 아이에게 향했다. 나는 아이에게 "조금이라도 공부하면 어때?"라고 재촉하거나 "내일은 학교에 갈 수 있을 것 같아?"라고 물으며 부담을 주었다.

지금 생각하면 억지로 다른 엄마들을 만날 필요는 없었다. 사람을 피하는 선택지도 있다고 생각한다. 만약 학부모회에 속한 경우라면, 사정을 이야기하고 주변 사람들의 협조를 구해 참여하지 않는 것도 좋은 방법이다.

부모의 마음을 지키는 힌트

▶ 사람들과의 교류는 무리하지 않는 선에서 적당히 한다.

다른 가족의 매정한 말과
쓸데없는 간섭

불안을 부추기는 가족의 가시 돋친 말

수강생 중에는 자녀의 등교 거부로 인해 부모님(아이의 조부모)이나 배우자
와의 충돌을 호소하는 분들이 많다. 나 역시 이 문제로 심한 스트레스를 받곤
했다. 배우자나 부모님으로부터 다음과 같은 말을 들은 적은 없는지 모르겠다.

"오냐오냐하니까 애가 이렇게 된 거 아니야!"
"더 엄하게 키워야지."
"그렇다고 제멋대로 하게 놔두면 애가 어떻게 되겠어?"
"학교에 안 간다고 하면 게임기랑 스마트폰 전부 압수해!"

부모님이 가까이 거주하는 경우, 집에 자주 찾아와서 "애는 괜찮니?",
"아직도 학교에 안 가고 있구나."와 같이 불안을 부채질하는 말을 하거나

"좋아, 내가 학교에 가도록 말해 보마."라고 개입해 풍파가 일었던 적은 없는가? 아이가 학교에 가지 않는 것만으로도 벅찬데 주변에서 이런저런 말을 들으면 매우 괴로울 수밖에 없다.

나의 경우, 남편이 재택근무를 하다 보니 집에 있는 아이와 자주 다퉜다. 그럴 때마다 아이는 울면서 나에게 전화를 걸어 왔기 때문에 하던 일을 집어던지고 부리나케 집으로 뛰어간 적이 많았다. 회사 사람들에게 폐를 끼치게 되었지만, 집안의 경제적인 기둥이었던 나는 일을 그만둘 수도 없었고 집은 집대로 엉망이라 너무나 힘에 부쳤다.

수강생들의 이야기를 들어 보면 부모님이나 배우자에게 나쁜 의도가 있는 경우는 거의 없다. 하지만 아이의 상황에 대한 이해나 협력을 구해도 좀처럼 받아들이지 못한다. 이처럼 엄마가 아이와 부모님 또는 남편 사이에 끼어 곤혹스러워하는 사례는 심심치 않게 찾아볼 수 있다.

부모는 아이의 든든한 방패

그럼 이런 상황에서는 어떻게 하면 좋을까? 가장 중요한 것은 아이를 **보호하는 태도를 보이는** 일이다. 가령 눈앞에서 남편이 아이의 게임기를 압수하려고 하면 엄마는 아이의 방패 역할을 해야 한다. "강요하지 마.", "당신 말은 충분히 알겠어. 우리 대화로 해결하자." 등 자기 나름의 태도 **와 표현을 사용해도 좋으니** 침착한 자세로 아이를 지켜 주자. 그리고 가족 간에 충돌이 벌어진 날에는 아이와 둘이서 이야기할 기회를 마련해 아이가 밤에 안심하고 잠들 수 있도록 해야 한다.

물론 집을 아이가 마음 편히 쉴 수 있는 곳으로 만들어 주는 것이 가장 이상적이다. 하지만 설령 그것을 실현하기 어려운 환경이라도 아이가 '부모님은 내 편이구나.' 하고 안심한다면 앞으로 나아갈 수 있다.

사람은 자신을 지켜 주는 사람에게 마음을 열기 마련이다. 아이가 당신을 신뢰하고 속내를 털어놓을 수 있는 관계가 형성되고 있다면 크게 걱정하지 않아도 된다.

부모의 마음을 지키는 힌트

▶ 자신에게 맞는 방법으로 아이의 든든한 지원군이 되어 주자.

3장

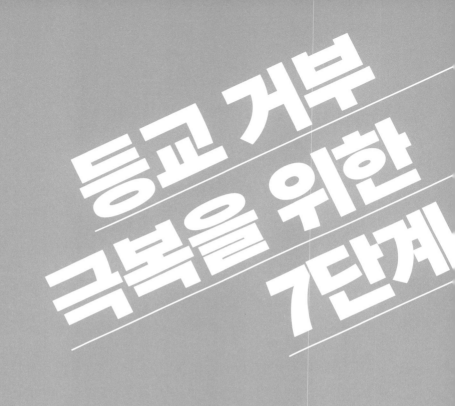

우리 아이는
지금 어느 단계일까

등교 거부 극복까지의 과정을 알아 두면 마음이 편하다

아이가 등교를 거부하던 시절, 나는 영문을 몰라 초조하고 불안하기만 했다. 초반에는 억지로 학교에 보내려다 아이의 상태를 오히려 악화시켰다. 그리고 학교에 가지 않는 날이 길어지면서 공부나 집안일은 일절 하지 않은 채 빈둥거리는 딸을 보며 '앞으로도 계속 이러면 어떡하지?' 하는 생각과 함께 속에서 울화가 치밀었다. 내 안의 두려움과 불안은 아이에게 향했고 결과적으로 둘 다 매우 고통스러웠다.

지금 생각해 보니, 만약 그때 등교 거부 극복까지의 과정을 파악하고 있었다면 아이의 상태를 악화시키는 일 없이 더 빨리 등교 거부 생활에서 벗어날 수 있었을 거라는 아쉬움이 남는다. 그리고 무엇보다 내 마음도 훨씬 편하지 않았을까 생각한다. 등교 거부는 시작부터 종료까지 단계를 구분할 수 있으며 각각의 단계마다 특징이 있다. 아이가 현재 속한 단계에 따라 부모가 취해야 할 대응도 달라진다.

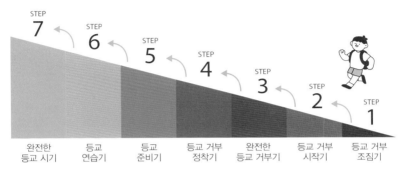

극복까지의 단계

STEP 7 완전한 등교 시기
STEP 6 등교 연습기
STEP 5 등교 준비기
STEP 4 등교 거부 정착기
STEP 3 완전한 등교 거부기
STEP 2 등교 거부 시작기
STEP 1 등교 거부 조짐기

　여기서는 등교 거부 극복 7단계와 각각의 단계마다 부모가 아이를 대할 때 알아 두면 유용한 포인트를 구체적으로 소개한다.

　먼저, 아이가 지금 어느 단계에 있는지를 확인하고 해당하는 부분부터 읽어 나가길 바란다. 아이를 어떻게 대해야 할지 몰라 초조한 부모님들에게 분명 도움이 될 것이다.

등교 거부 조짐기

신체 증상을 호소하는 횟수가 늘어난다

등교 거부가 시작되기 전에 해당하는 시기로, 이 시기의 아이들은 학교에 가야 한다는 마음과 학교에 가고 싶지 않다는 두 가지 마음 사이에서 갈등한다. 더불어 다양한 신체 증상을 호소하는 경향이 있다. 예를 들어 복통이나 두통, 피로감 등을 이유로 보건실을 찾거나 학교를 결석하기도 한다. 점점 활기를 잃고 신체 증상을 호소하는 횟수가 늘어난다. 아이가 **학교를 쉬고 싶어 한다는 것은 심리적으로 힘든 일이 일어나고 있다는 신호이다.** 이상하다고 생각되면 아이의 상태를 유심히 관찰해 보길 바란다.

예를 들어 아이가 특정 과목의 수업이 있는 날에 학교를 쉬고 싶어 한다면 담당 선생님이 불편한 것일 수 있다. 또, 아이가 스마트폰을 들여다 볼 때의 모습이 평소와 다르다면 SNS에서 사이버 폭력을 당하고 있을 가능성도 있다. 동아리 활동에 대한 이야기가 줄거나 활동 자체를 즐기는 것 같지 않다면 선배나 친구와의 관계에서 불합리한 일을 겪고 있을 수도 있다. 옷이나 신발 등의 물건이 더럽혀져 있다면 친구에게 괴롭힘을 당하고 있지는 않은지 의심해 볼 필요가 있다.

아이가 보내는 SOS를 부모가 조기에 발견하면 심각한 괴롭힘으로 번지는 것을 방지할 수 있을 뿐 아니라, 아이는 '부모님이 나를 보고 있다.'는 생각에 안심하고 자신이 떠안고 있는 고민을 부모에게 말하기 쉬워진다.

더불어 담임선생님에게 아이의 학교생활에 대한 이야기를 들을 필요가 있다. 명백한 원인을 알게 되면 개선을 위한 방법을 취할 수 있을 테고, 정확한 문제를 파악할 수 없는 경우라면 학교 사회복지사와 상담할 수도 있다. 학교와 가정이 연계해 아이의 모습을 함께 살펴보는 것이 중요하다.

매번 다른 이유를 대며 학교에 갈 수 없다고 한다

또 한 가지, 부모가 알아 두어야 할 것이 있다. 등교를 거부하는 아이들은 대부분 본인이 왜 학교에 갈 수 없는지를 모른다는 사실이다. 따라서 아이에게 학교에 가지 못하는 이유를 물어볼 때마다 다른 이유를 대는 경우가 적지 않다. 아이 스스로도 구체적인 원인을 모른 채 '학교에 갈 생각을 하면 힘들다.', '아침에 일어나지 못하겠다.'라며 괴로워한다. 학교에 가야겠다고 생각은 하지만 움직일 수 없게 된다.

등교 거부의 원인은 대부분 일상생활에서 축적된 사소한 스트레스이다. 평소 아이에게 과도한 노력을 요구하고 있지는 않은지, 아이의 생활을 점검해 보자.

우리 아이의 이야기

시기   초등학교 중학년~중학교 1학년 2학기 무렵(약 4년간)

초등학교 중학년 무렵부터 딸아이는 아침이 되면 복통이나 두통을 호소하는 일이 잦았다. 병원에서 진찰을 받아 봤지만 특별한 문제는 발견되지 않았고, "학교에서 무슨 일 있었니?"라고 물어봐도 아이는 아무 일도 없다는 듯한 얼굴로 없다고 대답할 뿐이었다.

그런데 중학교 2학년으로 올라가던 해 겨울, 어느 날 아침 집에서 아이의 모습이 보이지 않았다. 학교에 간 것 같지도 않아 설마 하는 마음에 화장실 문을 열었더니 아이가 웅크린 채 흐느끼고 있었다. 그렇게 아이의 등교 거부가 시작되었다.

돌이켜 보면 아이는 초등학생 때부터 서서히 스트레스를 받으며 학교에 다니고 있었던 것 같다. 그 사실을 빨리 알아차리고 아이의 스트레스를 해소해 주었다면 다른 현실이 펼쳐졌을지도 모른다. 대개 아이들은 무슨 일이 생겨도 부모에게 말하지 않는다. 이를 염두에 두고 아이가 보내는 SOS를 민감하게 알아차리길 바란다.

부모의 대처 방법

▶ 아이의 상태를 유심히 관찰한다.

▶ 아이가 학교에 가기 싫어할 때는 억지로 보내지 않는다.

▶ 학교 선생님이나 학교 사회복지사와 상담한다.

▶ 아이에게 지나친 노력을 요구하고 있지는 않은지 생활을 점검해 본다.

등교 거부 시작기

부모에게는 가장 고통스럽고 혼란스러운 시기

　부모에게 고민과 갈등을 가져오는 시기이다. 7단계 중에서 가장 고통스럽고 고민스러운 시기라고도 할 수 있다. 아이의 특성에 따라 다르겠지만 보통 폭언을 내뱉거나, 소리를 지르거나, 울거나, 분노하거나, 방에 틀어박히거나, 부모를 거부하는 등 감정을 마구 쏟아내는 모습을 보인다. 부모는 자기감정을 다스리기도 벅찬데 아이까지 격한 감정을 표출하면 어찌할 바를 몰라 한다. 결과적으로 부모도 자기감정을 아이에게 토해 내면서 악순환이 거듭되는 시기이다.

　이 시기에는 아이를 어떻게 하려고 하지 말고, 부모 자신의 감정을 안정적으로 만드는 데 집중하자. 부모가 슬픔에 빠져 있으면 아이는 나 때문에 부모님이 괴로워한다며 자신을 탓한다. 반대로 아이를 혼내면 부모님이 나를 포기할 것이라 여겨 내면이 더욱 불안정해지며 점점 자기만의 세계에 틀어박히게 된다. 따라서 부모가 권위를 내세워 아이를 억지로 학교에 보내려 한들 결코 좋은 결과로 이어지지 않는다. 이 시기, 특히 부모는 자신의 감정을 눌러 담는 일이 없도록 심리상담을 받거나 카페에서 기분전환의 시간을 갖는 등 의식적으로 스트레스를 발산하는 편이 좋다. 내가 우선이라는 생각으로, **다양한 방법을 통해 스트레스를 해소하자.**

우리 아이의 이야기

시기   중학교 2학년으로 올라가는 해의 겨울~(약 3개월간)

"엄마 진짜 싫어!"

"엄마는 날 절대 이해 못해!"

"엄마 같은 부모는 되기도 싫어!"

이 시기에 아이가 나에게 퍼부은 폭언이다. 나는 나대로 어떻게든 아이를 학교에 가게 하려고 애썼다. 공부와 학교의 중요성, 나 편한 대로만 살 수 없다는 사실을 아이가 깨닫게 하려고 필사적이었다. 결과적으로 아이는 딱딱한 조개처럼 입을 굳게 닫고, 이불 속에서 나오지 않게 되었다.

돌이켜 보면 등교 거부 시작기에는 아이와 심리적 거리가 있었던 것 같다. 나는 마음의 여유가 없었고 오로지 아이를 학교에 보내는 일에 온 신경이 쏠려 있었다. 설득이나 조언으로 달래도 보고, 왜 학교에 못 가겠느냐고 수없이 물었다. 한편 아이는 여태껏 애를 써 왔지만, 몸도 마음도 더는 버틸 수 없는 한계에 달했고 어떻게 해야 할지 몰라 울거나, 소리를 지르거나, 방에 틀어박히는 등의 방법으로 나에게 구조 신호를 보내고 있었다.

이렇게 꼼짝도 하지 않는 아이를 일으키려고 애썼던 일이 오히려 아이의 상태를 악화시키고 말았다. 등교 거부 시작기가 7단계 중에서 가장 고통스러운 시기라고 생각한다. 부모 자신의 마음을 잘 보살피면서 동시에 아이의 마음도 수용하길 바란다.

부모의 대처 방법

▶ 억지로 학교에 보내려고 하지 않는다.

▶ 질문 세례를 퍼붓지 않는다.

▶ 부모의 의견을 이해시키려고 하지 않는다.

▶ 평소처럼 대하며 가만히 지켜본다.

▶ 집을 아이가 안심할 수 있는 장소로 만들어 기운을 차릴 수 있게 돕는다.

▶ 학교나 학원 등 아이가 짊어진 짐을 내려놓고 쉬게 한다.

▶ 아이가 응석을 부리거나 괜찮은 척할 때는 아이에게 애정을 듬뿍 쏟는다.

▶ 부모 자신의 마음을 보살피는 일을 최우선으로 삼는다.

단계 ❸

완전한 등교 거부기

아이가 몸과 마음을 충전하는 휴식기의 시작

이 시기에 접어들면 무슨 방법을 써도 아이가 학교에 가지 않는다는 사실을 부모 역시 알게 된다. 아이에게는 집에서 여유 있게 쉬면서 에너지를 충전하는 기간이 시작된다. 바꿔 말하면 부모가 등교 거부의 원리를 이해하고 회복 단계에 빠르게 들어설수록, 아이는 에너지를 충전해 더 빨리 회복할 수 있다.

이 시기의 아이들은 특성에 따라 다를 수 있으나 보통 다음과 같은 행동을 보인다.

- 온종일 잠을 잔다. 무기력하고 멍하니 있다.
- 커튼을 닫아 어둡게 만든 방에 틀어박혀 있다.
- 문 앞에 장애물을 놓아 부모가 방에 들어오지 못하게 한다.
- 무슨 질문을 해도 명확한 답을 하지 않는다.

- 게임이나 유튜브, 스마트폰에 빠져 지낸다.
- 부모의 외출 권유 등에도 별로 흥미를 보이지 않는다.
- 평소에는 즐거워 보이지만, 학교 이야기만 나오면 안색이 바뀌면서 이야기를 피한다.
- 공부는 일절 하지 않는다.
- 학교 선생님이나 부모의 채근으로 학교에 가도 얼마 못 가 학교에 갈 수 없게 된다.

부모 눈에는 아이가 게으르게 생활하는 것처럼 비치며, 아이가 대체 무슨 생각을 하고 있는지 전혀 모르겠다고 느낀다. 더불어 게임이나 스마트폰 사용을 두고 아이와 심한 말다툼이 일어나는 시기이기도 하다.

겉으로는 보이지 않는 내면적 변화의 시기

1장(p. 32 참고)에서 언급했듯이 등교 거부의 근본적인 원인은 대부분 일상생활에서 오는 사소한 스트레스이다. 이러한 스트레스가 쌓여 자존감이 떨어진 상태에서 또래 관계 문제 등의 계기가 생기면 등교 거부로 이어진다. 아이가 그동안의 억압된 생활에서 벗어나 여유 있는 시간을 보내며 스트레스를 해소하는 시기라고 이해해 주자.

부모가 재촉하면 아이는 학교에 가기는 하지만, 죄책감 때문에 가는 것이므로 에너지가 고갈되면 다시 학교에 갈 수 없게 된다. 심지어 아이가 스스로 학교에 가겠다고 말한 경우도 마찬가지이다.

이 시기는 번데기 시기로 비유할 수 있다. 겉에서는 안이 들여다보이지 않지만 아이는 갈등하면서도 분명히 성장하고 있다. 다음 단계로 나아가는 데 필요한 내면적 변화의 시기로 받아들이며, 초조해하지 말고 아이를 지켜보길 바란다.

우리 아이의 이야기

시기 중학교 2학년으로 올라가는 해의 겨울~중학교 2학년 12월 무렵(약 1년간)

아이의 행동을 이해하기가 가장 힘든 시기였다. 내 눈에는 아이가 뒹굴뒹굴하며 즐겁게 지내는 것처럼 보였기 때문에, 자기 편한 대로만 지낸다고밖에 생각되지 않았다.

초조함을 이기지 못하고 괜한 말을 던져 아이와 자주 다퉜던 시기이기도 하다. 사춘기의 영향도 있었겠지만, 아이는 나와 다투고 나면 방에 틀어박혀 나오지 않았다. 때로는 내가 들어오지 못하게 문을 걸어 잠그고 어두운 방 안에서 이불 속으로 들어갔다. 결과적으로 나는 딸을 아주 조심스럽게 대하게 되었다.

부모는 아이의 마음이 회복되기까지 시간이 필요하다고 각오하는 편이 좋을지도 모른다. 더불어 아이를 평소처럼 대하는 것이 회복으로 가는 지름길이라고 생각한다.

▶ 아이에게 잔소리하거나 이런저런 질문을 하지 않는다.

▶ 아이가 에너지를 충전할 수 있도록 가만히 지켜본다.

▶ 억지로 학교에 보내려고 하지 않는다.

▶ 다시 등교를 거부하더라도 평소처럼 밝게 대한다.

▶ 아침 기상 시간이나 식사 시간에는 일정한 시간에 말을 걸되 무리하게 권유

하지 않는다.

▶ 스마트폰이나 게임기를 빼앗지 않는다.

▶ 부모 자신의 마음을 보살피는 일을 최우선으로 삼는다.

등교 거부 정착기

에너지가 쌓이기 시작하는 시기

등교 거부 생활이 정착되면서 부모와 자녀 모두 감정에 휘둘리는 일이 줄어드는 시기이다. 완전한 등교 거부기(3단계)와의 차이는, 아이가 등교 거부에 따른 죄책감을 덜 느끼며 집에서 여유 있게 지낼 수 있다는 점이다. 아이의 특성에 따라 차이는 있겠지만 대개 부모에게 어리광을 부리거나, 말수가 늘어나거나, 표정이 밝아지는 등 안정된 모습을 보인다. 따라서 부모는 이런 생활이 계속 이어질까 봐 불안하겠지만, 너무 초조해할 필요는 없다. 에너지가 충전되고 있다는 증거라고 생각하고 지켜봐 주자.

또, 아이가 움직일 수 있는 에너지가 쌓이기 시작하는 시기인 만큼 아이의 상태에 따라 무리가 되지 않는 선에서 설거지나 빨래 같은 간단한 집안일을 시키는 것도 바람직하다. 그리고 아이가 일을 도와주었다면 '나 전달법(I Message)'●을 사용해 "네가 도와주니까 엄마가 훨씬 편하다!"라

● '너(you)'가 아닌 '나(I)'를 주어로 삼아 감정을 전달하는 방법으로, 상대방을 탓하는 일 없이 서로를 존중하는 대화가 가능해짐

는 식으로 아이에게 고마운 마음을 표현하도록 하자. 칭찬이 아닌 '나 전달법'으로 아이와 소통하는 것이 핵심이다.

자존감을 떨어뜨리는 '칭찬의 부작용'

아이의 행동을 칭찬하는 행위는 (어떤 일을) 해낸 너는 대단하다고 좋은 평가를 내리는 것이다. 이를 바꿔 말하면 해내지 못하는 너는 쓸모가 없다는 메시지를 아이에게 보내는 것과 마찬가지이다. 아이가 해내지 못했을 때 자신이 쓸모가 없다고 느껴 자존감이 저하될 수 있으므로 주의가 필요하다. 이것이 '칭찬의 부작용'이다. 칭찬 대신 "엄마/아빠는 기뻐.", "덕분에 엄마/아빠가 한결 수월해." 등 아이가 해 준 일을 부모가 어떻게 느꼈는지 나 전달법으로 표현하자. 그러면 아이는 자신이 부모님에게 도움이 되고 있다고 자신의 존재 의의를 느끼며, 이는 결과적으로 아이의 자존감 향상으로 이어진다.

이 시기 부모는 계속해서 아이를 지켜보면서, 일상생활에서 아이가 해낼 수 있을 법한 일을 아이 스스로 결정하도록 함으로써 아이의 자존감을 높여 주길 바란다.

우리 아이의 이야기

시기 중학교 2학년 겨울방학 초반~중학교 3학년 12월 무렵(약 1년간)

이 무렵에는 딸아이가 집안일을 돕겠다고 말했기 때문에 무슨 일을 할지는 본인이 정하도록 했다. 아이가 고른 것은 빨래를 개키는 일이었는데 완벽주의자답게 아주 깔끔하게 잘 개켰다. 그래서 내가 "깔끔하게 개키는구나! 엄마가 한결 수월하다." 이렇게 말하자 아이는 기쁜 표정을 지어 보였다. 아무리 사소한 일이라도 아이 스스로 결정한 일은 직접 하도록 했고, 해냈을 때는 "엄마가 한결 수월하다."라고 나 전달법으로 아이에게 고마운 마음을 표현했다.

등교 거부 정착기에는 아이와 활발하게 의사소통하면서 아이의 자존감을 높이는 데 힘쓰는 것이 좋다. 다만 아이가 무리하게 행동하도록 할 필요는 없으며, 즐겁게 임하는 것이 중요하다. 또, 이 시기에는 아직 공부하지 않는다. 자존감이 높아져 자기수용을 할 수 있게 되면, 자연스럽게 공부에도 손을 대기 시작한다. 그러니 너무 초조해하지 말고 자존감을 높이는 노력을 꾸준히 하길 바란다.

부모의 대처 방법

▶ 자존감을 높이는 일에 힘쓴다.

▶ 즐겁게 할 수 있는 일을 직접 정하게 한다. 무리하게 시키지 않는다.

▶ 사소한 일이라도 아이가 무언가를 해냈을 때는 나 전달법으로 고마운 마음을 표현한다.

▶ 일상생활에서 아이와 활발하게 의사소통한다.

등교 준비기

극복 단계의 후반전에 돌입

아이가 심심하다는 말을 하기 시작했다면 에너지가 충전되었다는 증거이다. 드디어 등교 거부 극복 단계의 후반전에 돌입한 것이다. 여기서부터는 아이가 사회에 발을 내디딜 수 있도록 아이를 대하는 방법을 바꿔 나갈 필요가 있다.

등교 준비기는 부모가 기대하게 되는 시기이기도 하다. 예를 들어 이 시기의 아이들은 에너지가 어느 정도 쌓여 움직일 수 있게 되므로 개중에는 "학교에 갈까……."라고 말하는 아이도 있다.

그러면 부모는 드디어 학교에 갈 수 있게 되었다며 기대를 건다. 어떻게든 아이의 기운을 북돋아 학교에 보내려는 마음을 갖기 쉬운데, 억지로 등교를 권유하거나 부추기면 결과적으로 아이는 다시 학교에 갈 수 없게 된다.

이 시기의 아이들은 아직 자기수용을 하지 못하고 자존감도 낮다. 따라서 학교에 가야겠다고 생각해도 막상 가려고 하면 불안해서 갈 수 없다거나, 학교에 갔다 하더라도 냉혹한 현실에 자신감을 잃고 다시 등교를 거부할 수 있다.

일상생활에서도 말만 번지르르할 뿐 행동이 전혀 따라오지 못한다. 그러면 부모는 "네가 먼저 한다고 했으면서 왜 안 하는 거야?"라고 아이를 책망하게 되어 지금까지 쌓아 온 좋은 관계가 무너지기도 한다.

그러므로 이 시기는 아이들이 **쌓여 가는 에너지에 비해 자존감이 올라오지 않아 바깥세상에 발을 내딛기 어려운 상태**라는 사실을 부모가 이해해 주어야 한다.

초조해하지 말고 앞을 내다보며 지원한다

또, 아이가 고등학교 입시를 앞둔 중학교 3학년이라면 부모는 당연히 '어떻게든 진도를 따라갈 수 있으면 좋겠다.', '제발 이 생활을 극복하고 싶다.'는 생각이 들 것이다. 다만 자존감이 충분히 향상되지 않은 상태에서 고등학교에 입학하면, 다시 등교를 거부하게 되는 경우가 많다. **초조해하지 말고, 자존감을 높이는 노력을 하는 편이 결과적으로는 등교 거부 생활로 돌아가지 않는 길**이다.

그럼 부모의 초조한 마음은 어떻게 다스리면 좋을까? '독립적인 어른으로 키우자.', '학교는 갈 마음이 들면 언제든지 갈 수 있다.'라는 식으로 멀리 내다보길 바란다. 부모의 초조함 때문에 아이가 또다시 자신감을 잃는 일이 없도록 아이를 지원해 나가자.

우리 아이의 이야기

시기　중학교 3학년 겨울방학 초반~(약 3개월간)

　　우리 아이의 등교 준비기는 중학교 3학년 연말 무렵이었다. 고등학교 입시를 앞둔 시기였지만, 심심해하는 아이에게 나는 "뜨개질해 볼래?"라고 물었다. 그러자 아이는 "응!" 하고 흔쾌히 대답했고 뜨개질을 하는 내 친구에게 배우기로 했다. 아이는 그 친구와 함께 털실과 바늘을 고르거나 친구가 추천해 준 책 등을 보고 뜨개질을 배우며 무척 즐거워했다. 혼자 지하철을 타고 외출해서 친구와 함께 쇼핑하거나 차를 마시고 돌아올 때도 있었다. 덕분에 나를 괴롭게 했던 스마트폰이나 게임 사용 시간은 눈에 띄게 줄었다.

　　고등학교 입시는 아이가 "나 고등학교 안 갈 거야."라고 선언한 터라 반쯤 포기한 상태였다. 그런데 12월에 진로를 결정하는 학교의 마지막 면담에서 아이가 일반계 고등학교 입학시험을 치르겠다는 말을 꺼냈다. 내가 이미 아이에게 고등학교에 가지 않아도 된다는 말을 해 뒀기에 아이의 마음이 편했던 것 같다. 아이는 "출석 일수가 모자라도 갈 수 있는 고등학교가 있다면 시험을 봐 볼까……?"라고 말하더니 이듬해부터 학원에 가는 횟수가 늘어나기 시작했다. 하지만 갑자기 학원을 쉰다거나, 간다고 말해 놓고 가지 않을 때도 있었다. 그럴 때는 '수험이 코앞인데!'라는 생각에 마음이 초조해졌지만, 아이에게 밝게 대하려고 애썼고 아이가 좋아하는 요리나 간식 등을 준비하며 내 감정을 잘 다스리려 노력했다. 그렇게 해서 무사히 시험을 치를 수 있었다.

부모의 대처 방법

▶ 아이가 좋아하는 일이나 외출을 권유한다.

▶ 권유는 하되 강요하지 않는다.

▶ 공부에 관해서는 아이와 충분하게 이야기하고 본인의 의사를 존중한다.

▶ 아이를 부모의 기대에 따르도록 유도하지 않는다.

▶ 부모의 마음을 잘 다스리고, 평상시처럼 아이를 대한다.

단계 ➏

등교 연습기

쉬면서 전진하는 연습 기간

드디어 아이가 움직이기 시작하는 시기로, 불안정하기는 하지만 학교에 간다. 다만 무언가 부하가 걸리면 마음이 불안정해지면서 학교를 결석, 지각, 조퇴하기도 한다. 이때 부모는 다시 학교 가기를 거부하는 생활로 돌아갈까 봐 불안할 수 있는데, 지나치게 걱정할 필요는 없다. 계속 학교를 쉬었으니 등교 자체가 체력적으로나 정신적으로나 노력한다는 뜻이다. 그러니 아이가 피곤해할 때는 쉬게 두어도 괜찮다.

아이 또한 등교 거부 생활로 돌아가지는 않을지 불안해할 것이다. 아이가 불안한 감정을 충분히 표현할 수 있도록 목소리에 귀를 기울이길 바란다.

이 시기는 특히 부모의 지원이 중요하다. 등하교를 하거나 숙제할 때 잘 살펴 주고 학교와도 수시로 연락을 주고받으며 아이가 스스로 감당할 수 있는 범위 내에서 차츰 익숙해지도록 도와주는 것이 좋다.

만약 아이가 힘들어한다면 이야기를 잘 들어 주고, 상황에 따라서는 "엄마/아빠가 할 수 있는 일이 있을까?"라고 응원의 말을 건네는 것도 방법이다. 부모와의 유대가 단단히 형성되어 자존감이 높아진 상태라면, 다소 기복은 있겠지만 등교 거부 생활로 돌아가는 일 없이 앞으로 나아갈 수 있을 것이다.

등교 연습기는 등교 거부 생활에서 벗어날 출구의 빛이 보이는 반가운 시기이기도 하지만, 예전 상태로 돌아갈 위험도 존재하는 시기이다. 그러니 쉬면서 앞으로 나아가는 시기라고 여기고 아이를 따뜻한 태도로 지원해 주길 바란다.

우리 아이의 이야기

시기 고등학교 1학년~고등학교 3학년 2학기 무렵(약 2년 반)

고등학생이 되자 아이는 심기일전하여 매일 등교했다. 그러나 중간고사나 기말고사 때는 어김없이 학교를 쉬었다. 시험 범위를 잘못 알았거나, 시험 직전 또는 시험 기간 중 내가 가볍게 던진 말이나 선생님에게서 들은 말 등에 영향을 받아 부정적인 감정 상태에 빠지곤 했다.

시험 불안과 긴장감도 있었을 것이다. 완벽주의자 성향인 아이는 자신이 세운 계획대로 공부가 진척되지 않으면 "이제 틀렸어!"라고 울음을 터뜨리거나 학교를 쉬기도 했다. 그럴 때마다 나는 혹시라도 등교를 거부했던 악몽 같은 시기로 돌아갈까 불안에 휩싸였다.

그래도 아이가 침울해하면 옆에서 이야기를 충분히 들어 주고, 아이의 화풀이를 받아 주고, 웃는 얼굴로 아이를 응원하고 도와주기 위해 애썼다. 그렇게 유급은 겨우 면할 정도의 출석 일수를 채울 수 있었다.

고등학교 1학년 때, 아이는 긴장의 끈이 팽팽하게 당겨지다 못해 끊어지지 않을까 걱정될 정도로 열심히 공부했다. 그러나 2학년으로 올라가자 그 실이 툭 끊기면서 성적이 곤두박질쳤고 그때부터 쉬는 날도 많아졌다. 본인은 열심히 해야 한다고 생각하지만, 어쩔 도리가 없는 듯한 모습이었다.

그 후, 영어를 그토록 싫어하던 아이는 6개월 동안 뉴질랜드로 유학을 갔다. 부모에게서 독립하고 싶다는 이유에서였다. 그리고 다시 집으로 돌아왔을 때, 아이의 얼굴은 완전히 달라져 있었다. 마치 '번데기'를 뚫고 나온 '나비'처럼 말이다.

부모의 대처 방법

▶ 아이가 학교를 쉬거나 지각해도 초조해하지 않는다.
▶ 아이가 피곤해하거나 우울해할 때는 아이가 하고자 했던 마음을 인정해 준다.
▶ 학교를 결석하는 것에 대해 이러쿵저러쿵 말하지 않는다.

완전한 등교 시기

아이가 스스로 움직이기 시작하는 안정적인 시기

아이가 안정적으로 학교에 가는 시기이다. 집이 아닌 바깥에서 만약 마음이 힘든 일이 일어나도 그 문제를 두고 친구와 상담하는 등의 방법을 통해 스스로 전진할 수 있게 된다. 외부에 친구라는 안식처도 생기므로 부모로서는 아이를 떠나보내는 아픔을 겪는 시기일지도 모른다.

여기까지 오는 데 얼마만큼의 시간이 걸리느냐는 사람마다 다르다. 오래 걸리면 안 된다거나, 짧을수록 좋다거나 하는 문제는 아니다.

인생은 길다. 등교 거부 생활을 극복하기까지 오래 걸리더라도, 앞으로의 인생에서 어떤 난관이 닥쳤을 때 그것을 이겨 낼 힘을 기르는 것이 훨씬 중요하다.

아이들의 인생은 이제 시작되었을 뿐이다.

인생은 마지막에 웃는 자의 승리가 아닐까?

우리 아이의 이야기

시기 고등학교 3학년 3학기 초~(약 3개월)

우리 아이의 경우, 등교 거부 생활을 극복하기까지 약 5년이 걸렸는데 결과적으로는 등교를 거부하기 전에 가고 싶다던 대학에 무사히 입학했다. 고등학교 3년을 열심히 생활한 것과 스스로 결정하고 노력해 대학에 합격했다는 사실이 자신감으로 이어졌는지, 심리 상태도 안정되었다.

대학생이 된 지금도 힘이 들 때는 축 처져 방에 틀어박히기도 하지만, 친구와 전화로 이야기하는 등 자신에게 맞는 방법으로 잘 이겨 내고 있는 것 같다.

한편 나는 딸에게 전혀 불안을 느끼지 않게 되었다. 그보다 힘든 일을 겪으면서도 조금씩 성장해 가는 아이를 볼 수 있어서 행복하다. 이 단계에 접어들면서 드디어 '지켜보는' 일을 즐길 수 있게 되었다.

부모의 대처 방법

▶ 앞으로도 아이의 이야기에 귀를 기울이자.

▶ 아이가 침울해 있을 때도 평상시처럼 대하자.

▶ '부모의 미소와 사랑이 담긴 맛있는 밥은 아이의 기운을 북돋는 원천'이라는 사실을 기억하자.

4장

부모를 위한 등교 거부 극복의 심리학

어떻게 하면 등교 거부 생활을
극복할 수 있을까

포인트는 '자기수용'이다

이 장에서는 대망의 등교 거부 생활을 극복하는 구체적인 방법을 소개한다. 등교 거부 생활에서 벗어나기 위한 핵심은 아이의 자존감 향상과 자기수용이다.

'자기수용'이란 있는 그대로의 자신을 받아들이는 것을 가리킨다. 아이의 에너지가 쌓이기 시작하는 등교 거부 정착기(p. 102)부터 자존감을 높이는 노력을 하고, 아이가 자기수용을 할 수 있도록 이끌어 주어야 한다.

부모의 노력이 필요한 4단계가 있다

먼저, 부모는 등교 거부 생활을 극복하기까지 다음의 4단계를 거친다.

단계 1 마음 회복 프로세스 이해하기
단계 2 아이와 충돌하는 원인 파악하기
단계 3 올바른 대화로 원만한 관계 쌓기
단계 4 아이의 자존감을 높이는 방법 알아 두기

등교 거부 생활의 극복은 책에 적힌 대로만 흘러가지는 않는다. 아이의 변화에 부모가 임기응변을 발휘해 대응할 수 있으려면 아이의 심리구조를 이해하는 것이 중요하다. 먼저, **단계1**과 **단계2**에서 등교 거부가 발생하는 원인과 회복 프로세스를 '심리학'의 관점에서 이해한 다음, **단계3**과 **단계4**를 통해 아이의 자존감을 끌어올리기 위한 '경청하기 · 대화하기' 스킬을 익혀야 한다.

3장에서 소개한 7단계에서 부모가 아이의 상황, 즉 단계에 맞는 접근법을 취하기 위해서는 이 장에서 소개하는 심리학 지식을 이해하는 것이 매우 중요하다. 표면적으로 건네는 말이나 격려로는 아이의 마음이 회복되지 않기 때문에 등교 거부 생활을 극복할 수 없다. 부모의 어떤 말과 행동이 아이에게 용기와 기운을 불어넣을 수 있을까? 또, 반대로 어떤 말과 행동이 아이로 하여금 자신감을 떨어뜨리고 자기부정을 하게 만드는 것일까? 부모는 아이의 심리 구조를 알고, 등교 거부 생활을 극복하도록 이끄는 코치가 되어야 한다.

마음 회복 프로세스 이해하기

〈심리학자 매슬로의 욕구 단계 이론〉

마음이 회복되기 위한 순서가 있다

등교 거부 생활을 극복하기 위해서는 마음이 회복되는 프로세스를 이해할 필요가 있다. '어떻게 하면 아이가 학교에 가게 될까?' 이 의문을 이해하는 데는 심리학자 에이브러햄 해럴드 매슬로(Abraham H. Maslow)의 '욕구 단계 이론(욕구 계층 이론, 욕구 5단계 이론)'이 도움이 된다.

매슬로에 따르면 욕구란 무의식에서 일어나는 생리적, 심리적 '행동의 원동력'이 된다. 예를 들어 등교를 거부하는 아이를 억지로 학교에 보내려고 해도 아이는 가지 않는다. **학교에 가는 행동은 학교에 가고 싶다는 욕구가 있어야 일어나기 때문이다.**

반대로 말하면 아이가 스스로 학교에 가겠다고 생각하지 않는 한 학교에는 갈 수 없다는 뜻이다. 만약 부모가 권위를 내세워 학교에 보내려고 한다면 아이는 계속해서 학교에 가지 못하게 된다. 즉, **인간은 욕구가 있어야 행동한다.**

　아이가 움직이길 바라고 있을 부모에게 매슬로의 '욕구 단계 이론'을 소개하고 싶다. '욕구 단계 이론'에 따르면 인간의 욕구는 다음 그림과 같이 생리적 욕구, 안전 욕구, 사회적 욕구, 존중 욕구, 자아실현의 욕구 이렇게 5단계로 구성되어 있으며, 하위 단계의 욕구가 충족되면 상위 단계의 욕구를 채우려 한다.

5단계	자아실현의 욕구	자신의 능력, 가능성을 발휘하고 싶은 욕구
4단계	존중 욕구	타인으로부터 인정받고 싶은 욕구
3단계	사회적 욕구	사회에 도움을 주고 집단에 소속되고 싶은 욕구
2단계	안전 욕구	위험으로부터 안전하고 싶은 욕구
1단계	생리적 욕구	생존에 필요한 기본적인 욕구(본능적 욕구)

욕구 단계의 세 가지 원칙

　욕구 단계 이론에는 세 가지 원칙이 있다.

원칙 1　하위 욕구가 먼저 나타난다.
원칙 2　하위 욕구가 충족되면 자연스럽게 상위 욕구가 나타난다.
원칙 3　하위 욕구는 상위 욕구보다 강하다.

알기 쉽게 설명하면, 예를 들어 배가 극도로 고픈 상태의 사람은 친구가 필요하다고 느끼지 않는다. 욕구는 원칙적으로 다음과 같은 순서로 발현된다.

배고픔이 해결된다(생리적 욕구).
→ 안전하다고 느끼는 상태가 이어진다(안전 욕구).
→ 사회적 교류를 원한다(사회적 욕구).

즉, 배고픔이 해결되고(생리적 욕구) 안전하다고 느끼는 상태가 이어지면(안전 욕구) 인간은 지루함을 느끼며 자극을 원하게 된다. 그리고 친구를 사귀거나 사회에 소속되고 싶어 하며(사회적 욕구), 나아가 일을 통해 타인에게 인정받고 싶다(존중 욕구)는 마음이 생긴다. 이처럼 인간은 하위 욕구가 충족되면 자연스럽게 상위 욕구를 채우고 싶어 한다.

'안전 욕구'가 충족되었는가?

현재 아이가 어느 단계에 속해 있는지 확인해 보길 바란다. 학교에 가고 싶다는 욕구는 3단계인 사회적 욕구에 해당한다. 그러므로 아이가 등교를 거부한다는 것은 어떤 이유로 학교가 있기 힘든 장소(위험한 장소)가 되었다는 뜻이며, 2단계인 안전 욕구가 충족되지 않은 상태라고 할 수 있다.

등교 거부 아이를 대할 때 흔히 아이를 가만히 지켜보는 것이 중요하다고 하는데 이를 욕구 단계 이론에 대입해 생각해 보자. 예를 들어 부모가 등교를 거부하는 아이에게 학교에 가라며 압박을 주는 상황이다. 그러면 아이에게 안전한 장소여야 할 집이 있기 힘든 장소가 되고 만다. 결국 갈 곳을 잃은 아이는 안전한 곳을 찾아 자신의 방에 틀어박히거나 폭언이나 폭력이라는 형태로 자신을 지키려 하거나, 자신을 이해해 주는 또래들과 어울리려고 한다. 원칙 2에 나와 있듯이 하위 욕구인 안전 욕구가 강하므로 사회적 욕구는 안전 욕구를 이길 수 없다. 따라서 부모가 아무리 권위를 내세워 아이를 학교에 보내려고 한들 소용없다. 내 경우를 보더라도 등교 거부를 극복하는 첫걸음은 집을 안전한 곳으로 만들어 아이를 안심시키는 일이라고 생각한다.

집이 너무 편하면 아이가 학교에 가지 않을지도 모른다고 생각할 수 있다. 하지만 앞서 언급한 세 가지 원칙에 따르면 하위 욕구가 충족되어야 자연스럽게 상위 욕구가 나타난다. 그러므로 아이의 마음이 치유되어 안정감을 느끼고 건강한 에너지가 쌓이면, 친구와 함께 놀고 싶다거나 다른 친구들처럼 학교에 다니고 싶다는 사회적 욕구(3단계)가 자연스럽게 생겨날 것이다.

실제로 우리 아이는 매슬로의 욕구 단계 이론대로 회복되는 모습을 보였다. 부모가 어느 단계에서 어떤 대응을 하면 좋을지는 3장(p. 92 이후)에서도 구체적으로 다루고 있으니 참고하길 바란다.

아이와 충돌하는 원인 파악하기

〈심리학자 아들러의 '과제 분리'〉

아이의 문제인가, 부모의 문제인가?

심리 회복 프로세스를 이해했다면, 다음은 부모가 안고 있는 다양한 고민과 불안을 아이의 문제와 부모의 문제로 분리하는 작업이 필요하다. 이때 도움이 되는 것이 아들러의 '과제 분리'이다. 알프레트 아들러(Alfred Adler)는 정신과 의사이자 심리학자로, 지그문트 프로이트(Sigmund Freud), 카를 구스타프 융(Carl Gustav Jung)과 함께 현대 심리학의 기초를 확립한 인물 중 한 명이다.

아들러가 발표한 '과제 분리'란 부모와 자녀 사이에 경계선을 긋고 눈앞에서 일어나는 문제를 자녀의 문제와 부모의 문제로 나눈 다음, 부모는 자녀의 문제에 개입하지 않는 것이다. 여기서 질문을 하나 하겠다. 당신의 아이가 공부를 안 한다면 당신은 어떻게 하겠는가?

예를 들면 다음과 같이 대처할 수 있을 것이다.

- 아이에게 공부하라는 말을 여러 번 강조한다.
- 학원에 보낸다.
- 게임기, 스마트폰을 압수한다.
- 공부하면 게임기를 사 주겠다는 등의 조건을 달아 공부시킨다.

아들러의 심리학 관점에서 보면 부모가 으레 해 왔던 이와 같은 행동은 자녀의 문제에 부모가 개입하고 있는 셈이다.

다시 말해 공부를 하고 말고는 아이의 문제이므로 부모는 아이에게 이러쿵저러쿵하지 않아야 한다. 공부를 하지 않는 것에 대한 부모의 생각과 감정은 부모의 문제이므로, 부모의 초조한 감정을 아이에게 드러내지 말아야 한다는 말이다.

아이의 일과 부모의 일은 다르다

하지만 과제 분리가 필요하다고 해도 부모는 다음과 같이 생각할 수 있다.

'아이가 공부하게 만드는 것은 부모의 역할이다.'
'공부하지 않으면 아이의 미래가 힘들어진다.'
'부모는 아이를 제대로 키워야 할 의무가 있다.'

아들러에 따르면 부모-자녀 사이의 골이나 모든 인간관계의 문제는 과제 분리가 이루어지지 않아 발생한다. 타인의 문제에 왈가왈부하는 것은 그들의 과제에 개입하는 행위로, 상대방은 이를 불쾌하게 느껴 개입한 사람을 거부하기 때문이다.

사춘기는 부모-자녀 사이에서 지금까지 쌓인 불만이 한 번에 터지기 쉬운 시기이다. 사춘기에 접어든 아이가 부모를 거부하는 것처럼 행동하는 건 바로 이 때문이다. 지금까지 과도한 간섭이나 앞선 행동이 아이에게 왜 좋지 않은지 이야기한 이유를 이해했으리라 생각한다.

지금부터는 과제 분리를 실천하는 구체적인 방법을 소개하겠다.

실천 1   최종 책임자를 찾자

우선 자녀의 문제와 부모의 문제를 분리한다. 만약 아이의 행동을 보고 하고 싶은 말이 생겼다면, 말을 꺼내기 전에 이건 누구의 문제인지 자신에게 질문을 던져 보자.

- 벗은 옷이 거실에 그대로 놓여 있다.
- → 집안일을 책임지는 사람이 부모라면 부모의 문제
     (부모가 치워야 하므로)
- 학교에 가야 하는데 아침에 일어나지 않는다.
- → 학교에 갈 책임은 아이에게 있으므로 아이의 문제
     (선생님으로부터 주의를 받는 사람은 아이이므로)
- 공부하지 않는다.
- → 공부하지 않은 결과를 책임지는 사람은 아이이므로 아이의 문제

(성적이 나빠지는 것은 아이이므로)

　스스로 질문하고 답을 생각할 때의 포인트는 최종적으로 누가 그 문제의 책임을 지는가이다. 만약 아이의 문제라는 답이 도출되었다면 부모는 묵묵히 아이를 지켜봐 주어야 한다. 지나치게 간섭하지 않도록 주의하자. 아이의 모습을 보며 느끼는 감정은 부모 자신이 처리해야 할 문제이다.

왜 부모는 아이의 일에 간섭하려고 할까?

　부모가 아이의 일에 간섭하고 싶은 대표적인 이유는 다음과 같다.

- 본인도 과거에 실패한 경험이 있다. 따라서 아이에게 같은 실패를 겪게 하고 싶지 않다.
- 아이의 미래를 위해 해 두는 편이 좋겠다고 생각하는 것을 가르쳐 주고 싶다.
- 내가 하지 못했던 것을 아이에게 시키고 싶다.
- 아이가 성공해서 주변 사람들에게 좋은 평가를 받았으면 좋겠다.
- 아이를 잘 키우는 부모로 인식되고 싶다.

　이것을 아들러의 심리학적 관점에서 보면 부모가 아이를 자신과 일체화해 생각하기 때문이다. 그래서 부모는 아이가 성공해서 행복하면 자신의 성공, 아이가 실패해서 괴로우면 자신의 실패라고 느낀다.

아이를 지켜볼 수 있게 해 주는 힌트

　아이가 어릴 때는 괜찮지만 과제 분리가 이루어지지 못한 채 자라면, 언제까지고 부모의 의견을 구하게 된다. **부모의 지나친 간섭과 앞선 행동은 아이가 스스로 생각하고 행동하는 것을 방해한다.** 하지만 머릿속으로는 과제 분리가 중요하다는 것을 알고 있어도 아이를 마냥 지켜보기란 어려운 법이다. 부모의 눈에는 **아이의 실패가 뻔히 보이기 때문이다.** 그리고 아이에게 좋지 않은 결과를 낳게 될 것이라거나 아이의 실패를 보는 것이 힘들다고 생각하기 때문에 아이에게 먼저 일러 주고 싶어진다.

　아이를 지켜볼 수 있는 부모가 되려면 먼저 자신을 들여다볼 줄 알아야 한다. 그러면 대부분 마음이 편안해진다. 예를 들어 아이를 지켜보는 것이 힘든 부모는 다음과 같은 경향을 가진 경우가 적지 않다.

- 주변 사람들의 시선이나 평가를 신경 쓴다.
- 엄한 부모 밑에서 참으며 살아왔다.
- 지나치게 간섭하거나 걱정이 많은 부모 밑에서 자랐다.
- 자신감이 부족하다.

　어린 시절의 경험을 통해 실패는 용납할 수 없으며 두려운 것이라는 생각이 부모의 잠재의식 속에 자리하고 있어, **아이가 같은 경험을 할 가능성이 생기면 반사적으로 불안과 초조함이 찾아온다**(이는 좋고 나쁨의 이야기가 아니며, '지켜본다'는 점에만 초점을 맞춰 설명했다).

괴로울 때는 감정을 정리하자

다음으로 등교 거부 아이를 둔 부모의 괴로운 감정을 다스리는 방법 세 가지를 소개하겠다. 아이가 학교 가기를 거부하면 부모의 기분은 오르락내리락하며 불안정해지기 쉽다. 하지만 과제 분리를 실천하고 아이의 좋은 코치가 되기 위해서라도 부모의 감정을 다스리는 일은 매우 중요하다. 지금부터 소개하는 세 가지 방법을 꾸준히 실천해 보자. 부모의 마음도 분명 차츰 편안해질 것이다.

① '두려움'의 감정을 충분히 느끼기

사람은 같은 감정을 계속 느끼기 어려워하는 특징이 있다.

예를 들어 온종일 화를 내라거나 온종일 즐거워하라는 말을 들어도 그 감정을 유지하기란 어렵다.

우울한 감정 상태에 빠지면 회복하기 어려워하는 경우가 있는데, 이는 두려움의 감정을 외면한 채 어떻게 해야 할지만 생각하기 때문이다.

불안함이든 초조함이든 근원에 있는 감정은 실제로 그렇게 될지도 모른다는 공포이다. 그러므로 우선 자신이 느끼고 있는 감정을 인식하고, 마음 깊숙한 곳에 자리한 두려움의 감정을 충분히 느끼길 바란다. 이것이 습관으로 자리잡으면, 마치 빛을 비추면 그림자가 없어지는 것처럼 당신이 느끼는 공포도 줄어들 것이다.

② 자신의 마음을 노트에 적어 보기

사람은 의외로 지금 자신이 느끼는 감정을 잘 모른다. 그러니 우울하거나 고민이 있어 힘들다면 사소한 것도 전부 노트에 적어 보길 바란다. 포인트는 당신의 감정이다. 무섭다, 싫다, 사실은 이렇게 하고 싶다, 피곤하다, 졸리다, 집안일 따위 하고 싶지 않다 등 자신이 느끼는 감정을 전부 쓴 다음, 적은 내용을 바라보자.

그 내용을 보고 당신은 자기 자신에게 무슨 말을 해 주고 싶은가?

수강생 중에는 자신이 지나치게 애쓰고 있다거나 과도하게 참고 있다는 사실을 깨닫지 못하는 분들이 많았다. 마음을 다스릴 때의 핵심은 자신이 느끼는 감정이 무엇인지를 아는 것이다. 지금 자신의 생각을 노트에 쭉 적어 내려가는 것만으로도 머릿속이 정리되면서 상쾌해질 것이다. 꼭 실천해 보길 바란다.

③ 그날의 작은 행복을 발견하기

사람은 자신이 할 수 없는 일과 부족한 일을 의식하기 마련이다. 그럴 때는 반대로 해 보면 좋다. 예를 들면 다음과 같다.

- 오늘은 날씨가 좋았다.
- 오늘은 친구와 즐겁게 이야기했다.
- 오늘 하려고 했던 일을 마칠 수 있었다.
- 귀찮아서 내내 미루던 일을 드디어 해냈다.

이런 식으로 사소한 기쁨이나 작은 성취감을 느끼는 것이다. 이렇게 소소한 행복을 쌓아 가면 큰 행복으로 이어진다. 그리고 자기 자신에게 잘했다고 칭찬해 주자. 이것이 행복함을 올릴 수 있는 간단한 방법이다.

올바른 대화로 원만한 관계 쌓기

닫혀 버린 마음의 문을 열려면?

심리 회복 프로세스를 이해하고 당신이 안고 있는 문제를 아이의 문제와 부모의 문제로 나누는 데 성공했다면, 다음은 부모-자녀 간에 신뢰를 쌓아 진솔한 대화를 나눌 수 있도록 할 차례이다. 하지만 어떻게 해야 등교 거부 이후 닫혀 버린 아이의 마음의 문을 열 수 있을까?

마음을 털어놓을 수 있는 상대란, 자신을 이해해 주며, 부정하지 않고 받아들여 주는 사람이다. 자신을 이해해 주는 사람이 이야기를 들어 주면 점점 자기 생각을 말하고 싶어지는 법이다. 지금부터는 그런 상대가 되는 방법을 소개하겠다.

아이와의 대화에서 명심해야 할 네 가지 포인트

아이 마음의 문을 열 수 있는 부모의 대화법에는 네 가지 포인트가 있다.

포인트 1   아이의 말이 아닌, 말에 담긴 메시지를 받아들인다.

포인트 2   아이를 진실로 받아들이려는 마음을 가진다.

포인트 3   수용의 말을 건넨다.

포인트 4   아이가 더 이야기하고 싶은 마음이 들게 한다.

포인트 1   아이의 말이 아닌, 말에 담긴 메시지를 받아들인다

사람과 사람 사이의 의사소통은 사실 말이 아니라 메시지를 주고받음으로써 이루어진다. 예를 들어 교제 중인 연인이 있는데 남자 친구가 데이트 시간에 늦게 나타나자 여자 친구가 "나 집에 갈래!"라며 화를 낸다고 가정하자. 만약 남자 친구가 여자 친구의 말을 있는 그대로 받아들여 "그래? 그럼 나도 집에 가야겠네."라고 말한다면 어떻게 될까? 여자 친구는 당황스러워할 것이다.

하지만 만약 남자 친구가 여자 친구의 표정이나 분위기에서 화가 났다는 메시지를 읽고 "미안해. 기분 풀어~. 대신 오늘은 네가 좋아하는 걸 먹으러 가자!"라고 말한다면, 여자 친구는 "그럼 어쩔 수 없지."라며 마음을 풀지 않을까?

이것이 말이 아닌 메시지를 받아들이는 방법이다. 의사소통은 비언어적 메시지(말이 아니라 상대의 표정, 분위기, 목소리 톤)를 주고받음으로써 이루어진다.

■ 마음속에 숨겨진 메시지

등교 거부 자녀와 부모 사이에서 흔히 볼 수 있는 대화를 예로 들어 보

겠다. 만약 아이가 "진도를 따라가기 힘들어서 학교에 못 가겠어."라고 말했다고 하자. 아이의 말을 곧이곧대로 받아들인 부모는 아이를 학원에 보내려고 하거나, 공부를 직접 가르쳐 주겠다고 말한다. 하지만 이런 경우 대개 아이는 학원에 가려고 하지 않고 부모에게서 공부를 배우려는 태도도 보이지 않는다. 수업 내용을 이해할 수 있게 되면 학교에 갈 거라고 생각한 부모가 어떻게 해서든지 아이를 공부시키려고 하자 두 사람의 관계는 악화되고 만다.

그러나 여기서 말이 아니라 아이가 보내는 메시지(말로는 표현하지 않으나 마음속에 숨겨진 말)를 받아들이려고 노력하면 부모는 스스로 어떤 태도를 보여야 할지 자연스럽게 알 수 있다.

예를 들어 '학교에 가지 못해서 불안해. 어떻게 하면 좋지? 날 좀 도와줘!'라는 아이의 메시지를 부모가 읽었다면, 아이를 조금 쉬게 하면서 따뜻하게 지켜봐 주자는 식으로 적절한 대응을 취할 수 있다.

이처럼 일상적인 대화에서 아이가 보내는 비언어적 메시지를 부모가 받아들이고 알맞은 대응을 취한다면, 부모-자녀 관계는 매우 호전될 것이다.

아이가 보내는 메시지를 받아들이는 요령은 또 하나의 냉정한 자신을 의식하는 것이다. 냉정한 자신은 사물의 본질을 파악할 수 있기 때문이다.

포인트 2 아이를 진실로 받아들이려는 마음을 가진다

아이는 부모가 정말 자신을 받아들이고 있는지를 민감하게 알아차리고 부모를 시험하려 든다. 하지만 부모는 아이가 학교에 가길 바라는 마음을 쉬이 내려놓을 수 없다. 그래서 이를 감지한 아이는 부모에게 반항하거나 자기 세계에 틀어박히는 모습을 보인다. 아이의 신뢰를 얻고 속마음을 표현할 수 있는 대화를 끌어내려면 부모는 아이가 낸 시험을 통과해야 한다.

그러기 위해 부모가 아이에게 해 줄 수 있는 것은 응원과 지원뿐이라는 각오를 다져야 한다.

앞서 언급했듯이 사람은 자신을 받아들여 주지 않는 사람에게는 속마음을 터놓지 않는다. 아이에게 뭐라고 말해 주면 좋을지 고민하기보다 대가 없는 사랑으로 아이를 수용하는 것이 중요하다.

포인트 3　수용의 말을 건넨다

아이가 자신이 받아들여졌다고 느끼게 하려면 부모는 무의식 중에 사용하고 있는 부정의 말을 줄이고 수용의 말을 사용해야 한다. 수용의 말이란 상대를 있는 그대로 받아들이는 말이다.

"그래? 그랬구나."
"어머, 정말?!"
"응, 그래서 어떻게 됐어?"
"흠, 그랬구나. 힘들었겠네."

이와 같은 식으로 말이다. 놀랍게도 이러한 맞장구가 수용의 말이다.

아이는 부모가 자신의 이야기를 들어 주길 바라고 이야기할 때가 많다. 그러므로 아이가 무언가 감정적으로 말하거나 부모에게 의견을 구할 때도 맞장구를 치면서 일단 이야기를 들어 주기 바란다. 이때, 무심코 부모의 의견을 말하고 싶어질 수 있는데, 조언이나 제안을 하면 아이는 자신이 부정당했다고 여기게 된다.

다음에 부모가 흔히 사용하는 부정의 말을 열거해 두었으니 참고하여, 아이에게 최대한 쓰지 않도록 유의하자.

부정의 말이란?

▪ 설교

"○○해야 해.", "○○하지 않으면 안 돼."

▪ 협박

"그러고 있다가는 인생 망친다!", "공부 안 하면 게임 못할 줄 알아."

▪ 충고 · 해결책 제안

"○○하는 편이 좋을 것 같은데.", "그건 선생님과 상담해 보면 어때?"

▪ 일장 연설

"내가 어릴 적엔 말이야~.", "지금은 이해가 안 되겠지만 너도 크면 다 알게 돼."

▪ 비판 · 비난

"이해가 안 돼? 그게 아니라니까!", "네 말은 틀렸어."

■ 질문 · 심문(부모가 나서서 문제를 해결하고 싶은 마음에 아이에게서 정보를 얻으려고 함)

"왜 학교에 가고 싶지 않은데?", "뭐가 싫은 거니?", "원인이 뭐야?"

포인트 4 아이가 더 이야기하고 싶은 마음이 들게 한다

마지막으로, 아이 마음의 문을 열기 위해서는 **아이가 부모님이 자신을 이해해 주고 있다고 생각하게 하는 것도 중요하다.** 그리고 그것을 효과적으로 전하기 위해서는 **부모가 아이의 마음을 대변해 주어야 한다.** 아이가 말하기 전에 부모가 먼저 자신의 마음을 대변해 주면, 엄마/아빠가 자신의 마음을 알고 있다고 안심하며 부모에게 속마음을 이야기하고 싶어진다.

저녁 메뉴에 관해 다음과 같은 대화를 주고받는다고 가정해 보자.

아이: 오늘 저녁 메뉴는 뭐야?
부모: 카레라이스야.
아이: 그렇구나, 카레라이스구나.

만약, 같은 상황에서 부모가 아이의 마음을 대변해 준다면 대화는 어떻게 바뀔까?

부모: 오늘 저녁 메뉴는 카레라이스야. 배고프지? 다 됐는데 지금 먹을래?
아이: 응! 아까부터 너무 배고파서 먹고 싶었어.

이처럼 부모가 아이의 마음을 헤아려 말해 주면, 아이는 자신을 이해해 준다는 사실에 기뻐하며 자기 마음을 부모에게 이야기하고 싶어질 것이다. 이것이 아이가 더 이야기하고 싶게 만드는 '마음의 대변'이라는 방법이다.

지금까지 아이의 마음의 문을 여는 부모의 네 가지 대화법의 포인트를 살펴보았다. 처음에는 아이의 말에 수용의 말인 맞장구를 치는 것부터 시작해 보자. 할 수 있는 것부터 조금씩 해 나가면 된다.

아이의 자존감을 높이는 방법 알아 두기

'있는 그대로의 나라도 괜찮다'

아이의 닫힌 마음의 문이 열리고 부모-자녀 간의 신뢰 관계가 만들어졌다면, 드디어 아이의 자존감 향상과 자기수용을 위한 지원에 힘쓸 차례이다. 아이의 마음에는 '나는 쓸모없어!'가 가득 찬 판도라의 상자●가 자리하고 있다. 부모는 아이가 있는 그대로의 자신을 받아들이고, 밖으로 나갈 용기를 가질 수 있도록 지원해야 한다.

아이가 다시 학교로 돌아가는 데는 자기수용 여부가 중요한 열쇠 역할을 한다.

등교를 거부하는 아이는 자신을 부정하고 매우 싫어하며 받아들이지도 못한다. 그러므로 자신의 미래에 희망을 품지 못해 공부하거나 학교에 가는 의미도, 살아갈 의미도 찾지 못할 때가 많다.

● 다양한 재앙을 불러일으키는 원인이 들어 있는 것을 빗댄 말

아이가 자기수용을 할 수 있으려면 스스로 자신의 가능성을 깨달을 필요가 있다. 자신의 단점이 사실 장점이라는 식으로 관점이 바뀌면, 아이는 쓸모없는 자신을 받아들일 수 있다. 그리고 있는 그대로의 나라도 괜찮다는 생각을 하게 되면 앞으로 나아갈 용기가 생기면서 움직이기 시작한다.

실천 3　관점을 바꾸는 말을 걸어 보자

자존감이 높아지면서 자기수용이 가능해지면 아이는 움직이기 시작한다. 단점이라고 여겼던 자신의 불만족스러운 부분이 사실은 장점이었다고 생각할 수 있게 되면, 아이는 놀라울 정도로 급격하게 바뀐다. 관점을 바꾸는 말 걸기는 아이를 가장 잘 알고 있는 부모이기에 비로소 가능한 일이다. 요령을 잘 파악해 꼭 실천해 보길 바란다.

■ 사전 준비를 해 두면 말을 걸기 쉽다

아이가 의욕을 잃은 것처럼 보일 때 언제든지 관점을 바꾸는 말을 바로 걸 수 있도록 준비하자. 아이가 자신의 단점으로 여기는 부분을 장점으로 바꾸어 생각해 두는 것이다. 다음 순서를 따라 실천해 보자.

① 아이가 단점으로 여기는 것을 적는다.
   (설령 부모가 단점이라 생각하지 않더라도 우선 아이의 생각을 받아들이자.)
② 단점의 장점을 생각한다.

(장점과 단점은 동전의 양면과 같으므로 관점을 바꿔 생각해 보자.)

③ 아이가 상상할 수 있는 '예시'를 생각한다.

(단점이 사실은 장점이었다는 것을 아이가 상상하거나 자신에게 단점만 있는 것이 아니라는 사실을 깨달을 수 있는 '예시'를 생각하자.)

그럼 구체적으로 어떻게 말을 걸면 좋을지, 세 가지 방법을 예시와 함께 살펴보자.

■ 관점을 바꾸는 말 걸기의 구체적인 예

주변의 시선이 신경 쓰여 밖에 나갈 수조차 없는 아이가 있다고 하자. 어떻게 하면 타인의 시선을 신경 쓰는 건 이상한 일이 아니라고 깨닫게 할 수 있을까?

① 먼저, 아이가 생각하는 단점을 받아들이기

관점을 바꾸는 말 걸기에서 가장 먼저 해야 할 일은 아이의 생각을 말로 표현함으로써 수용해 주는 것이다. 예를 들어 "아무래도 남을 의식하는 자신이 답답하게 느껴지겠지."라는 식으로 아이의 생각을 먼저 받아들이는 것이다. 만약 여기서 그렇게 느낄 필요 없다고 아이를 격려한다면 아이는 부모님이 자신의 마음을 이해하지 못한다고 느끼게 된다. 아이는 지금까지 자신의 경험을 통해 타인의 눈을 의식하는 것은 좋지 않다고 생각하고 있기 때문이다. 아이의 의견을 부정하지 말고 먼저 받아들이는 것이 중요하다.

② 마음을 대변해 주기

다음으로 아이가 어떤 마음일지를 부모가 대변해 주는 방법이다.

예를 들어 "남의 눈을 신경 쓰지 않으려고 해도 그게 잘 안 되지? 엄마가 너였다면 학교에 가려다가도 주변 사람들의 시선을 생각하면 무서워서 학교에 못 갔을 거야." 이런 식으로 부모가 먼저 아이의 고민을 말로 표현해 주면 아이는 그것만으로도 한결 마음이 편안해진다.

아이의 특성에 따라 다르지만, 부모가 마음을 대변해 주면 이때껏 묻어 둔 괴로운 마음이 터져 나오면서 눈물을 흘리는 아이도 있고 "맞아, 내가 그런 기분이야……."라며 판도라의 상자에 넣어 두었던 마음을 토로하는 아이도 있다. 또 무표정으로 잠자코 부모의 말을 듣고 있는 아이도 있다.

이러한 아이들의 반응과는 상관없이 부모가 그들을 이해하고 수용하고 있다는 사실을 알려 주도록 하자.

③ 자신에게 단점만 있는 것은 아니라는 사실을 깨닫게 하기

마지막으로 관점을 바꾸는 말 걸기인데, 이 방법의 포인트는 사전 준비에 있다. 아이가 이해하기 쉬운 몇 가지 예시를 준비해 두는 것이다. 아이가 "그렇구나!" 하고 수긍하게 하는 것이 관점이 바뀌는 포인트이다. 예를 들어 타인의 시선을 의식하는 것의 장점은 다음과 같다.

"○○야, 지금은 힘들겠지만, 엄마는 네가 남의 눈을 의식하는 아이라서 다행이라고 생각해! 살다 보면 분위기를 파악하지 못하는 사람이 생각보다 많거든. 일을 잘하는 사람은 분위기를 잘 파악하는 사람이기도

해. 그러니까 네가 남의 시선을 의식하는 점도 엄마는 재능이라고 생각한
단다."

　이건 어디까지나 하나의 예시이다. 자신의 단점이라는 인식을 뒤집을
수 있는 말을 충분히 들려줌으로써 아이가 자기수용을 할 수 있도록 지
원하자.

5장

다시,
학교에
갑니다

또 다른 희망의
목소리들

겪어 본 사람만이 이해할 수 있는 고통

아이가 등교를 거부하던 당시, 내가 절실히 바라던 것 중 하나는 등교 거부 생활을 극복한 가정의 이야기를 듣는 것이었다. 책이나 인터넷상에 실린 정보가 아니라 현장의 목소리를 듣고 싶었기 때문이다.

실제 나에게 희망의 빛을 준 사람은 등교를 거부했던 아이를 둔 엄마였다. 그 엄마에게서 자신의 아이가 어떻게 해서 등교 거부 생활을 극복했는지 이야기를 들었을 때, 출구가 보이지 않는 깜깜한 터널에 한 줄기 희망의 빛이 새어 들어온 느낌이었다.

지금부터 소개할 경험담은 내가 주최하는 〈등교 거부 자녀를 둔 부모 탈출 강좌〉에 참가했던 부모들의 생생한 목소리이다. 등교 거부 자녀로 인한 괴로움을 경험한 부모들이 어떻게 변화했고 아이들이 어떻게 움직이기 시작했는지를 앎으로써, 등교 거부 극복 프로세스를 더욱 생생하게 느낄 수 있을 것이다.

온종일 게임만 하던 고등학생 아들이
스스로 학교와 학원에 가기 시작했어요

현재[*] 고등학교 1학년 아들을 둔 엄마 A 씨
중학교 2학년 때 등교 거부 시작. 등교 거부 기간은 약 1년 반[**]

성실한 성격의 아들은 중학교 2학년 여름, 같은 동아리 친구들에게서 불쾌한 말을 들은 것을 계기로 무기력해지더니 학교에 가지 않게 되었다. 그때부터는 종일 방에 틀어박혀 게임을 했다. 공부는 일절 하지 않았다. 내가 무슨 말을 걸기만 해도 "짜증나!"라며 들으려고 하지 않을 때도 있어, 집 안에 같이 있으면서도 휴대폰 메시지로 대화를 주고받은 적도 있었다.

란 강사님의 강좌를 듣기 시작했을 때, 나는 마음이 쉽게 흔들리는 일 없이 굳건해지고 싶었다. 나는 아이를 지켜봐야 한다고 생각하면서도 노파심에 이내 참견하곤 했다. 나의 괜한 한마디 때문에 아이와의 대화가 단절되면서 관계가 악화되었고 결국 후회하기에 이르렀다. 하지만 이대로 가다가는 아이가 제대로 된 사람으로 성장하지 못할지도 모른다는 생각이 들자, 부모니까 설교를 해서라도 아이의 생각을 고쳐야 한다는 충동

- [*] 2022년 기준 – 옮긴이 주
- [**] 일본에서 등교 거부라는 용어는 연간 30일 이상 결석하는 아이들을 가리킬 때 사용하며, 결석 일수가 30일 미만일 때는 '학교 가기를 꺼린다.'고 표현함

에 휩싸여 초조함을 느꼈다.

그러다 결국, 고등학교 입시 시기에 아이가 "나 고등학교에 안 갈 거야!"라고 선언했다. 이 말에 나는 정신적으로 상당한 압박감을 느꼈고, 더 이상의 실패는 안 된다는 생각이 들었다. 그래서 아이에게 진로 이야기를 할 때는 사전에 아이와 어떤 식으로 대화할지 예상 문답을 노트에 적고, 머릿속에서 연습한 후에 이야기하려고 애썼다. 효과가 바로 있었던 것은 아니다. 아이를 오히려 화나게 할 때도 많았다. 하지만 차츰 아이와 마주 앉아 진로에 관한 이야기를 나눌 수 있게 되었다. 학교를 정하기까지 아이도 나도 감정 기복을 겪으며 힘들었지만, 수차례에 걸친 대화 끝에 최종적으로는 아이가 스스로 고등학교 진학을 결정했다.

지금 아이는 고등학교 1학년으로, 학원도 다니고 있다. 아르바이트도 하고 싶다며 이력서 등의 서류도 스스로 준비하고, 면접일도 문자나 전화로 직접 조율한다. 무슨 일이든 다 경험이구나 싶다. 나 역시 아이를 기다리는 법을 배웠다. 설령 아이가 실패할 것을 알아도 예전처럼 초조해하지 않고, 엄마의 지원이 필요한 타이밍에만 나설 수 있게 되었다.

등교 거부를 극복한 지 얼마 되지 않아 아직 아이가 불안정한 모습을 보일 때도 있지만, 란 강사님의 강좌를 들으면서 아이보다 먼저 나서서 행동하지 않고 옆에서 기다려 주는 자세가 중요하다는 것을 알았다. 우리 집은 정말 힘든 사례가 아닐까 생각한다. 최근 1년 반을 돌이켜 보면 하나같이 기적에 가까운 이야기들이다. 앞으로도 주변 분들의 협력을 구하며 또 때로는 시행착오를 거치면서 아이가 목표하는 골인 지점까지 함께 나아가고 싶다.

폭언을 내뱉고 폭력적인 모습을 보였던 딸이 웃음을 되찾았어요

현재[●] 초등학교 6학년 딸을 둔 엄마 B 씨
초등학교 5학년 때 등교 거부 시작. 등교 거부 기간은 약 1년

지금 초등학교 6학년인 딸은 3학년이 되었을 때 한 달에 한 번꼴로 학교를 쉬더니, 5학년 가을부터는 학교에 가지 않게 되었다. 담임선생님과 성향이 잘 맞지 않았던 탓인지 학교가 재미없다는 말을 하기 시작했고, 억지로 학교에 보내려 해 봤지만 아이는 꿈쩍도 하지 않았다. 등교 거부 초기에는 폭언과 폭력을 일삼았다. 그럴 때마다 내 감정은 심하게 요동쳤고 아이를 어떻게 대해야 할지 알지 못했다.

란 강사님의 강좌를 들으며 아이에 대한 과도한 간섭을 줄였다. 지금까지 나 자신에 관한 일은 무슨 일이 생겨도 어떻게든 될 거라는 생각으로 살아왔다. 하지만 아이의 일이라면 걱정이 앞서 발 벗고 나서곤 했다. 강좌를 수강하기 전에는 누군가 나에게 등교 거부 해결 방법과 이를 위한 실천 방법을 가르쳐 줄 거라고만 생각했다. 그런데 강좌에서 강사님이 던진 질문의 답을 고민하거나 대답해 나가는 사이, 내 행동에 번뜩 눈이 떠졌다. 예를 들어 걱정이 많은 편이던 내 부모님은 자녀 일에 과도하

게 간섭하셨는데, 나는 그런 간섭을 받기 싫어했으면서 정작 아이에게 똑같은 행동을 하고 있었다는 사실을 깨달았다. 강좌를 듣지 않았다면 알아차리지 못했을 것이다. 또 스스로 깨닫지 못하는 한, 안고 있는 문제의 해결 방법을 찾을 수 없다는 사실도 배웠다. 이런 경험을 통해 내 생각이 변하고 아이를 대하는 방식을 바꾼 것이 아이와 나의 회복으로 이어졌다고 생각한다.

그리고 내 마음이 편해지자 아이가 웃는 얼굴을 하는 날이 눈에 띄게 늘었다. 아이는 스스로 다양한 일을 시도해 보거나, 하고 싶은 일을 말로 표현하거나, 가고 싶은 고등학교를 찾아보았다. 수학여행도 가라는 소리를 전혀 하지 않았는데 혼자 고민하다 결심이 섰는지 스스로 참가하겠다고 했다. 강좌를 들으며 좋았던 점은 나 자신을 마주함으로써 지금까지 몰랐던 나를 알게 되었고 이로 인해 나도 변할 수 있었다는 사실이다. 지금은 스스로 행동하고 변화할 수 있게 된 것도 같다. 나와 아이가 이렇게까지 바뀔 수 있다는 사실이 그저 놀랍다.

외출조차 못했던 딸이
대학 입시를 위해 열심히 공부 중이에요

현재 고등학교 1학년 딸을 둔 엄마 C 씨
중학교 2학년 때 등교 거부 시작. 등교 거부 기간은 약 1년

　중학교 2학년 가을, 어느 날 갑자기 아이는 학교에 가지 않았다. 그때까지는 밝은 성격에 공부도 잘하는 모범생이었기 때문에 등교를 거부했을 때 상당한 충격을 받았다. 어떻게든 등교 거부를 극복하기 위한 실마리를 얻고 싶다는 마음에 란 강사님의 강좌를 듣기 시작했다.

　강의를 통해 가장 먼저 깨달은 것은 나 자신의 사고방식이었다. 과거의 나는 흔히 좋다고 여기는 길을 내 아이가 걷는 것이 바람직하다고 생각했다. 아이에게 스스로 생각하고 행동하게 하는 것이 아니라, 내가 바쁘다는 핑계로 항상 아이가 시도하기 전에 먼저 나서는 식으로 행동해 왔다는 사실을 깨달았다. 이제는 아이 일에 간섭하는 대신 아이를 믿고 맡긴 뒤 지켜볼 수 있게 되었다. "네 생각은 어때?", "너는 어떻게 하고 싶어?"라고 아이의 목소리에 귀를 기울이려 애썼고, 지금은 아이가 먼저 적극적인 자세로 나에게 이야기를 많이 걸어온다. 더불어 등교 거부 생활 극복의 각 단계에 맞는 대응을 했더니 아이의 자존감이 향상되면서 조금

● 2022년 기준 – 옮긴이 주

씩 자신감을 회복하는 모습을 볼 수 있었다.

아이는 등교 거부 초기, 사람들과 스치는 것조차 싫어해 집 밖으로 나가지 못했으며 자기 자신조차 싫어했다. 하지만 고등학교 1학년이 된 지금은 예쁜 옷을 골라 입고 쇼핑을 가거나, 영화를 보러 가거나, 혼자서도 지하철을 타고 외출한다. 현재 아이는 대학교 입시를 위해 학원까지 다니며 열심히 공부 중이다. 대화가 없었던 아이가 이렇게까지 바뀔 수 있으리라고는 생각하지 못했다.

란 강사님의 강좌를 통해 부모인 내 감정을 마주하는 것이 중요하다는 사실을 처음으로 깨달았다. 힘들 때는 힘들다는 표현을 해도 된다는 생각을 할 수 있게 되었으며, 나만의 시간을 갖는 일에도 신경 쓰고 있다. 그리고 과제 분리(부모의 과제와 자녀의 과제를 분리)를 의식함에 따라 생각을 정리할 수 있게 되어 아이와의 관계뿐 아니라 직장에서도 다른 사람들의 의견을 물어보게 되었다.

란 강사님과의 만남은 우리 가족의 인생에 평생의 재산이나 다름없다. 나와 딸아이의 관계는 물론, 딸이 자기 아이를 낳았을 때도 물려줄 수 있는 중요한 가르침을 얻었다. 아직 많이 부족하지만, 앞으로도 조금씩 성장해 나아가고자 한다.

등교 거부는
결국 나의 문제였다

지금까지 몰랐던 내 안의 또 다른 나

아이가 등교 거부를 했을 때, '어떻게 하면 아이가 호전될까?', '어떻게 하면 예전처럼 기운을 되찾아 학교에 갈 수 있을까?'라는 질문의 답을 찾기 위해 필사적으로 매달렸다.

그리고 최종적으로 도달한 답은 '등교 거부의 원인은 아이가 아닌 나에게 있었다.'라는 사실이었다. 아이를 바꾸기 위해 기를 쓰고 노력했지만, 그 과정에서 나온 답은 결국 내게 있었다. 아이의 등교 거부를 계기로, 나는 자존감이 낮고 누군가로부터 인정받지 못하면 불안해하는 사람이라는 사실을 처음으로 깨달았다.

지금까지는 타인의 평가나 세간의 상식을 중시하며 거기에서 벗어나지 않으려고 노력하며 살았다. 그랬던 탓에 무언가 일반적이지 않은 문제가 발생했을 때 스스로 생각해서 해결한다는 생각이 없었다. 그래서 아이가 내 생각대로 움직이지 않으면 어떻게 해야 좋을지 몰라 어떻게든 아이를 바꾸려고 애썼다. 하지만 나는 아이의 등교 거부를 계기로 그런 나 자신을 깨달았고 인생의 궤도를 수정할 수 있었다. 지금 이렇게 아이와 아무렇지 않게 일상을 행복하게 보낼 수 있는 것은 아이의 등교 거부 덕분이라고 생각한다.

현재 느끼는 고통은 결코 손해가 아니다

'인생은 마지막에 웃는 자가 승리하는 거야.'

아이가 등교를 거부할 당시 너무나 고통스러울 때는 스스로 이 말을 되뇌곤 했다.

이런 말이 어떨지 모르겠지만 지금 당신이 부러워하는, 특별한 문제 없이 잘 자라고 있는 것처럼 보이는 다른 가정의 아이도 성인이 된 후에 큰 좌절을 맛볼지 모른다. 어른이 되고 나서 인생의 쓴맛을 보고 괴로워하는 것보다 부모가 곁에 있어 줄 수 있는 지금 좌절하는 편이 나을지도 모른다.

감수성이 풍부한 사춘기에 자신의 마음을 잘 살피고, 괴로움에 몸부림치는 경험은 아이의 인생에서 결코 손해가 되지 않는다. 그러니 현재 처한 상황에 너무 낙심하거나 실망하지 말자. 그보다 부모인 당신과 아이의 가능성을 믿기 바란다. 인생은 마지막에 웃는 자의 승리다!

등교 거부는 찬란한 인생의 시작

자녀의 등교 거부는 부모의 미래를 더 나은 것으로 만들기 위해 생기는 일이라고 생각한다.

우리 어른들은 대부분 세상에서 흔히 행복이라고 여기는 것을 향해 노력해 왔을 것이다. 좋은 고등학교와 대학교를 졸업하고, 좋은 회사에 취직하고, 높은 연봉을 받고, 가정을 꾸리고, 다른 사람들로부터 좋은 평가를 받는 사람이 되는 일 말이다. 만약 살아가는 일이 힘에 부치거나 매일매일의 생활에 허무함을 느낀다면 당신의 행복을 향한 여정이 시작되었을지도 모른다.

요구받은 일을 잘 처리하고, 분위기를 잘 읽고, 올바른 답을 내는 일을 잘하는 사람은 주변에서 좋은 평가를 받을 것이다. 하지만 왠지 모르게 삶이 답답하다고 느낀다. 세간의 평가에 맞춰 살아간다는 건 어찌 보면 인생의 주도권을 타인에게 넘겨주고 있다는 뜻이기 때문이다.

내 마음의 소리에 솔직하게 살아가자

자신이 세운 기준에 따라 살면 인생의 행복도가 올라간다고 생각한다. 쉽게 말하면 마음의 소리에 솔직해지는 것이다. 예를 들어 아이를 키우며 배우자의 도움을 기대할 수 없다면 내 진짜 마음을 배우자에게 전하는 것도 행복도를 올리기 위한 좋은 방법일 수 있다. 또 만약 담임선생님에게서 들은 조언이 이상하다고 생각하면서도 그대로 아이를 대하고 있다면, 내가 맞다고 생각하는 태도로 아이를 대하는 편이 행복도를 높이는 방법일지도 모른다.

마음은 자신이 정말 하고 싶은 일이나 행복해지는 방법을 감정을 통해 알려 준다. 등교 거부는 지금 이 순간만을 놓고 생각하면 부정적인 일로 인식될 수 있겠지만, 길게 바라보면 찬란하게 빛나는 미래로 향하는 문이 열렸다는 신호이다. 적어도 나는 그렇게 생각한다.

아이의 등교 거부를
돌아보며

사람은 다른 사람의 도움을 받으며 살아간다

아이의 등교 거부는 내 인생에 예상치도 못한 사건이었다. 하지만 아이가 등교를 거부하는 일이 없었다면 지금쯤 나는 전혀 다른 인생을 살고 있을 것이다. 과거의 나는 오만하고 정말 불편한 사람이었다고 생각하기 때문이다.

아이가 등교 거부를 하면서 처음으로 알게 된 사실이 있다. 나는 어릴 적부터 활발한 성격이었고, 공부도 운동도 그런대로 잘했기 때문에 하지 못한다는 세계를 경험하지 못했다. 그래서 우리 아이가 흔히 말하는 일반적인 궤도에서 벗어났을 때 도움의 손길을 내미는 사람이 이렇게 많다는 사실에 놀라지 않을 수 없었다.

퇴근하는 길에 집에 들러 주신 담임선생님, 이야기에 귀를 기울여 주신 보건실 선생님, 등록만 하고 가질 않아 곤란하게 했던 학원 선생님, 내가 힘들다는 사실을 알고 비슷한 처지에 놓인 사람들을 소개해 주었던 전 직장 선배, 그리고 어떤 내 모습도 다 받아 주고 이야기를 들어 준 친구들, 처음 본 사이임에도 진심으로 나의 이야기를 들어 주신 등교 거부 자녀를 겪은 엄마들. 이분들의 존재가 얼마나 감사한지 모른다.

나와 아이는 등교 거부를 통해 많은 분의 도움을 받았다. 그분들의 힘을 빌리고 의지할 수 있었기에 지금의 나와 아이가 있다고 생각한다. 아이가 등교 거부를 하지 않았더라면 지금쯤 그런 분들의 존재도 모른 채, 집에서도 회사에서도 내 뜻대로 일을 진행하는 오만하고 불편한 사람이 되어 있었을 것이다. 내가 이렇게 어른이 될 수 있었던 것도 내가 알아차리지 못한 수많은 사람의 응원과 지지 덕분이라는 사실을 느끼게 되었다.

사람은 혼자서 살아갈 수 없다. 혼자 만들어 낸 성과란 있을 수 없다. 많은 사람의 눈에 보이지 않는 도움을 바탕으로 자신의 성과로서 나타났을 뿐이다. 그 사실을 깨닫게 해 준 것도 아이의 등교 거부였다.

등교 거부 덕분에

나는 아이의 등교 거부 덕분에 다음과 같은 경험을 할 수 있었다. 이는 나와 아이에게 있어 분명 다행인 일이라고 생각한다.

1. 아이와의 시간을 원래대로 되돌릴 수 있었다.
2. 내가 다른 사람을 수용하는 그릇이 될 수 있었다.
3. 아이가 무엇이든 열심히 하는 아이로 자랐다.

먼저, 나는 일이라는 대의명분을 앞세워 아이와 시간을 함께 보내지 않았다. 그랬던 내가 휴직을 하면서부터는 아이와 함께 아침밥을 먹고 빨래와 집안일을 했다. 또, 노을을 바라보며 아이가 좋아하는 성우가 진행하는 라디오 프로그램을 함께 듣고 웃었다. 아이는 학교와 학원에 자주 가지는 않았지만, 학원에 데려다주고 데리러 가거나 학교에 바래다주기도 했다. 다투는 날도 많았지만, 온종일 아이와 함께 생활하며 부모 역할에 전념할 수 있었다. 참으로 마음이 따뜻해지는 즐거운 시간이었다. 아이와 나 사이에 생겨 버린 골을 메우기에는 이제 늦었을지도 모른다고 생각했다. 하지만 이런 평범한 일상을 통해 모녀가 함께 보내는 시간을 되찾을 수 있었고 돈독한 유대감을 쌓을 수 있었다.

그리고 내가 다른 사람을 받아들일 수 있는 사람이 되었다. 부모-자녀 관계뿐만 아니라 직장 내 인간관계도 좋아졌다. 그때까지는 아무리 노력해도 인간관계가 삐걱거릴 때가 많았는데, 내 관점에서 이해하기 어려운 사람이라도 자연스럽게 받아들일 수 있게 되면서 스트레스가 줄었고 일도 훨씬 즐거워졌다.

번데기는 반드시 나비가 된다

마지막으로, 등교 거부를 하던 우리 아이가 어떤 일이든 열심히 하는 아이로 자랐다는 점이 참으로 다행이라고 생각한다. 등교를 거부했던 시기의 아이는 나는 아무것도 아니라며 자신을 부정했고, 스스로 목숨을 끊을 생각까지 할 정도로 집에 계속 있어도 마음이 편치 않은 나날을 보냈다. 인생의 밑바닥까지 떨어져 등교 거부 생활을 극복하기 위해 오랜 시간을 들여야 했지만, 대학에 입학한 후로는 마치 그 시간을 되찾기라도 하듯 신나게 놀고, 공부하고, 아르바이트도 하며 좀처럼 집에 붙어 있지 않는다. 대학에 막 입학했을 때는 너무 애쓰는 게 아닐까 염려되는 마음에 "열심히 하네?"라고 물었더니, 아이는 "하고 싶은 거 다 할 거야! 지금이라는 시간은 다시 돌아오지 않으니까."라고 대답했다.

등교 거부 기간은 아이들이 '번데기'에 갇혀 있는 시기라 할 수 있다. 아이들이 번데기에서 뚫고 나와 날개를 펼치고 드넓은 하늘로 날아갈 시기는 저마다 다를 뿐이다.

분명 밝은 미래가 부모인 당신과 자녀를 기다리고 있다.

이 책이 자녀의 등교 거부로 고통받는 부모님들에게 희망을 주는 빛이 되길 바란다.

란 올림

『人間性の心理学』 A·H マズロー著　小口忠彦訳 (産能大出版部)

『嫌われる勇気』 岸見一郎　古賀史健 (ダイヤモンド社)

『高校生のためのアドラー心理学入門』 岸見一郎 (アルテ)

『親業』 トマス・ゴードン著　近藤千恵訳 (大和書房)

Kodomo ga futoukou ni nattyatta !

아이가 학교에 안 가려고 해요

초판인쇄 2025년 03월 31일
초판발행 2025년 03월 31일

지은이 란
옮긴이 이담북스 편집부
발행인 채종준

출판총괄 박능원
국제업무 채보라
책임번역 문서영
책임편집 조지원 · 박나리
디자인 홍은표
마케팅 문선영
전자책 정담자리

브랜드 이담북스
주소 경기도 파주시 회동길 230 (문발동)
투고문의 ksibook1@kstudy.com

발행처 한국학술정보(주)
출판신고 2003년 9월 25일 제406-2003-000012호
인쇄 북토리

ISBN 979 - 11 - 7318 - 195 - 5   03370

이담북스는 한국학술정보(주)의 학술/학습도서 출판 브랜드입니다.
이 시대 꼭 필요한 것만 담아 독자와 함께 공유한다는 의미를 나타냈습니다.
다양한 분야 전문가의 지식과 경험을 고스란히 전해 배움의 즐거움을 선물하는 책을 만들고자 합니다.